Viktor von Lignitz

Scharnhorst

Sein Leben und Wirken

Verlag
der
Wissenschaften

Viktor von Lignitz

Scharnhorst

Sein Leben und Wirken

ISBN/EAN: 9783957000972

Auflage: 1

Erscheinungsjahr: 2014

Erscheinungsort: Norderstedt, Deutschland

© Verlag der Wissenschaften in Vero Verlag GmbH & Co. KG. Alle Rechte beim Verlag und bei den jeweiligen Lizenzgebern.

Webseite: http://www.vdw-verlag.de

Cover: Foto ©Lutz Stallknecht / pixelio.de

Scharnhorst

von

Vr. von Lignitz
General der Infanterie z. D., Chef des Füsilierregiments von Steinmetz

Berlin W. 35
B. Behr's Verlag
1905

Vorwort.

*Reine und edle Sitten sind ja doch
das Erste am Menschen.*
Karl der Große.

Das veröffentlichte Material zur Kenntnis des Lebens, der Anschauungen und der Leistungen des General von Scharnhorst ist ein reichliches. Es war schwer, in dem beschränkten Raum dieses Buches das der gestellten Aufgabe: „Erzieher des Preußischen Heeres" Entsprechende zusammenzustellen unter Ausscheidung interessanten, aber für den vorliegenden Zweck entbehrlichen Materials. Viele Einzelheiten mußten zur Abkürzung des Textes in die Beilagen und in die ergänzenden Bemerkungen aufgenommen werden.

Auf Seite 95 ist ein Verzeichnis der benutzten Quellen aufgenommen. Die vollständigste und beste Quelle ist jedenfalls die Biographie von M. Lehmann. Für die persönlichen Verhältnisse und für die Anschauungen Scharnhorsts war für mich von hohem Wert Material, welches sich noch im Besitz einer Urenkelin des Generals, Frau Sanitätsrat Römpler, geborene von Chaumontet, befindet, hierunter namentlich ein Band Manuskripte von der Hand der Frau Marie von Clausewitz, geborene Gräfin Brühl, welchen Graf Fritz Brühl seinem Schwager Scharnhorst am 10. März 1836 schenkte. Hierin befinden sich die wertvollen Abschriften der Briefe des Generals an Clausewitz vom 27. November und 1. Dezember 1807, sowie vom 21. März 1813, Aufzeichnungen Clausewitz' zur Charakteristik seines verehrten Lehrers und Nekrologe. Auch konnte ich durch die=

selbe Vermittlung noch einige persönliche Details, Briefe und Zeitungsausschnitte aus jener Zeit zur Einsicht erhalten.

Für die Schilderung der kriegerischen Tätigkeit des Generals habe ich die neueren Arbeiten Lettows über den Krieg 1806—1807 verwertet.

Die Handschrift Scharnhorsts erhielt ich durch die Liebenswürdigkeit des Herrn Wirklichen Geheimen Kriegsrats G. Lehmann aus dem Geheimen Kriegsarchiv. Seite 75 findet sich die ganze Abschrift, das letzte Drittel der Handschrift ist in graphischer Kopie nach den Originalschriftzügen beigefügt.

Inhaltsverzeichnis.

                                                Seite

1. Kapitel. Lebensabriß . . . . 1—14
   Elternhaus S. 1, Wilhelmsteinsche Militärschule S. 2, Graf Wilhelm von Bückeburg
   S. 2 u. 3, Übertritt zum 8. hannoverschen
   Dragonerregiment S. 4, zur Artillerieschule
   in Hannover S. 5, Verheiratung S. 5, Feld-
   zug in Flandern S. 6, Beziehungen zur
   preußischen Armee S. 6, Scharnhorsts Per-
   sönlichkeit S. 7, Übertritt in preußischen
   Dienst S. 8, Tätigkeit im preußischen Militär-
   bildungswesen S. 8, Versetzung in den Gene-
   ralstab S. 8, Tod der Frau S. 9, das
   Jahr 1806 S. 9, Beim Korps L'Estocq S. 10,
   Chef des Allgemeinen Kriegsdepartements
   S. 10, Scheinbarer Rücktritt S. 11, E. M.
   Arndt über Scharnhorst S. 11, Boyen über
   Scharnhorst S. 12, das Jahr 1812 S. 12,
   Tätigkeit im Jahre 1813 S. 13, Verwundung
   bei Großgörschen S. 13, Tod in Prag S. 13,
   Urteile nach dem Tode S. 13.

2. Kapitel. Lehrtätigkeit und militär-lite-
   rarische Arbeiten . . . . 14—24
   Einfluß des Grafen Wilhelm von Bücke-
   burg S. 15, Grundsätze für das militärische
   Studium S. 17, Erste literarische Arbeiten
   S. 18, Militärische Gesellschaft in Berlin
   S. 19, Militärakademie in Berlin S. 21,
   Scharnhorsts Bedeutung in der Militär-
   literatur S. 24.

	Seite
3. Kapitel. Kriegerische Tätigkeit . . .	24—51

Gefecht bei Hondschotten 1793 S. 27, Menin S. 27, Auerstädt S. 28, Rückzug nach Prenzlau und Lübeck S. 39, Preußisch-Eylau S. 41, Großgörschen S. 46.

4. Kapitel. Organisatorische und Generalstabstätigkeit	51—71

Ideen über Heeresorganisation und Miliz S. 52, Bedeutung der Artillerie S. 54, Einteilung in gemischte Divisionen S. 55, Organisation der Artillerie S. 56, Organisation des Generalstabes S. 56, Infanterietaktik S. 57, Denkschriften 1802 S. 58, Mobilmachung 1805 S. 59, Reorganisation der preußischen Armee S. 61, Friedrich Wilhelms III. Politik S. 62, Präsident der Reorganisations-Kommission S. 64, Scharnhorsts Vorschläge für eine Landmiliz oder Provinzialtruppen S. 65, Beschränkung der Armeestärke S. 66, Krümpereinrichtung S. 66, Einteilung der Armee in gemischte Brigaden nach den Provinzen S. 67, Ausbildungsbestimmungen, neues Exerzierreglement S. 68, Reisen nach Petersburg und Wien S. 69, das Jahr 1812 S. 69, die Rüstungen im Jahre 1813 S. 70, Vertrag von Kalisch mit Rußland S. 70, Freiwillige Jäger S. 70, Organisation der Landwehr S. 71, Landsturm S. 71.

Nachwort .	72—74

Anhang.

Beilagen	75—94

Vertretung Scharnhorsts durch Hake S. 75, Schreiben des Königs vom 27. August 1810 S. 76, Nachruf, geschrieben von Gneisenau und Clausewitz S. 77, Nekrologe S. 78, Handbuch für Offiziere S. 80, Militärisches Taschen-

buch S. 81, Unterricht des Königs von
Preußen an die Generale seiner Armee S. 82,
Menin, Beschreibung durch Scharnhorst S. 82,
Handbuch der Artillerie S. 84, Letzte Schriften
S. 86, Verfassung der Berliner Akademie für
Offiziere S. 86, die vom Könige für die
Reorganisation bezeichneten 19 Punkte S. 89,
Instruktion für den Generalstab S. 93, Aus-
bildung des Generalstabes S. 94.

Verzeichnis der benutzten Quellen . 95– 96
Ergänzende Bemerkungen . 96–100

1. Kapitel.

Lebensabriß.

Gerhard Johann David Scharnhorst war ein Kind des niedersächsischen Volksstammes, aus ehrenfester Bauernfamilie, Sohn eines hannoverschen Soldaten, welcher 1723 geboren, in einem Dragonerregiment den Österreichischen Erbfolgekrieg mitgemacht hatte. Der Großvater Scharnhorsts, väterlicherseits, war Kleinbauer in Bordenau, Amt Calenberg, unweit der Bückeburger Grenze und des Steinhuder Meeres gelegen.

Scharnhorsts Vater[1]*) hatte es im Regiment bis zum Wachtmeister gebracht und kehrte dann in sein heimatliches Dorf zurück. Eheliches und später auch materielles Glück fand der schmucke Krieger durch seine Verheiratung mit der Tochter des wohlhabendsten Landbesitzers im Dorfe, namens Johann David Tegtmeyer. Dieser war längere Zeit gegen eine Heirat, welche er in altem Bauernstolz als eine Mesallianz ansah. Später sollten er und seine Witwe an dem armen Soldaten mehr Freude haben, als an den standesgemäßen Schwiegersöhnen, welchen er seine beiden ältesten Töchter gab. Dies war auch der Grund, daß bei dem Mangel eines Sohnes die Frau des braven Wachtmeisters den Grundbesitz erbte, nachdem der Vater im Jahre 1759, die Mutter 1761 gestorben war. Den Hauptteil des Landbesitzes bildete ein kleines adeliges Freigut, welches Johann

---

*) Die Nummern im Text beziehen sich auf die S. 96 bis S. 100 mitgeteilten „Ergänzenden Bemerkungen".

David Tegtmeyers Vater im Jahre 1700 von der Familie v. Esebeck billig gekauft und später durch zwei Bauernhöfe vergrößert hatte.

Scharnhorsts Vater konnte den Besitz zunnächst nicht antreten, da die Mitinteressenten wegen dieser Erbschaft einen Prozeß anstrengten, welcher erst nach zehn Jahren zu seinen Gunsten entschieden wurde, aber bedeutende finanzielle Opfer verursacht hatte. Die Zwischenzeit wurde eine sehr schwere. Der zweite Sohn, Gerhard, der spätere General, wurde am 12. November 1755 in Bordenau geboren. Vier Jahre später nach dem Tode seines Schwiegervaters hatte Scharnhorsts Vater, um selbständig zu sein, eine kleine Pachtung in Hämelsee, dann 1765 in Bothmer übernommen; hier blieb er bis er im Jahre 1771 den schwer errungenen Besitz in Bordenau antreten konnte.[2]) In Scharnhorsts Knabenzeit fiel die finanziell sehr schwierige Lage der Familie, so daß er jahrelang Not und Entbehrungen kennen lernte. Der Mangel an Mitteln und an einer genügend guten Schulgelegenheit verhinderte einen ausreichenden Elementar-Schulunterricht. Die nur oberflächliche Kenntnis der Orthographie und der deutschen Grammatik sollte später noch lange in den Schriften des gelehrten Offiziers erkennbar bleiben.

Es war erklärlich, daß der frische Knabe, welcher frühzeitig gut reiten gelernt hatte, infolge der Erzählungen seines Vaters aus dem Kriege, der Truppendurchzüge während des 7jährigen Krieges und durch die Schilderungen der in der Nähe am 1. August 1758 geschlagenen Schlacht bei Minden Lust bekam, Soldat zu werden wie sein Vater.

Der Besitz des mit ständischen Rechten beliehenen Gutes hatte die Familie aus dem Bauernstande herausgehoben und ermöglichte die Aufnahme des jungen Scharnhorst als Junker in das Ingenieur- und Artilleriekorps des kleinen Fürstentums Bückeburg und zwar zunächst in die von dem Landesherrn, dem Grafen Wilhelm von Schaumburg-Lippe, gegründete Kadettenschule auf der Feste Wilhelmstein im Steinhuder Meer.

Scharnhorst war damals 17 Jahre alt, durch eisernen Fleiß und viel Selbststudium hatte er seine Schulbildung so weit verbessert, daß er das verhältnismäßig viel mathematische Kenntnisse verlangende Aufnahmeexamen bestand, am 29. April 1773.

Graf Wilhelm hatte die Kadettenschule gegründet, am Schlusse seiner an Kriegserfahrungen und Ehren sehr reichen militärischen Karriere; der vierjährige Aufenthalt in dieser Schule sollte die Basis werden für Scharnhorsts militärische und wissenschaftliche Tüchtigkeit. Der Graf, welcher sich im preußischen Kriegsdienste den Schwarzen-Adler-Orden, im Dienste des Königs von Portugal den Feldmarschalltitel erworben hatte, wurde selbst ein leuchtendes Vorbild für die zwölf Kadetten in seiner geliebten Schule. Ein hervorragend tapferer und praktischer Soldat, stellte er die wissenschaftliche Befähigung sehr hoch und verkehrte mit den ersten literarischen Größen des damaligen Deutschlands; er war in seinem lebhaften Interesse für die Militärwissenschaften auch schriftstellerisch tätig.[3] Der Graf gab durch Befestigung streng sittlicher Anschauungen den jungen Leuten einen weiteren Schatz mit auf den Lebensweg.

Es ist erklärlich, daß der durch seine Selbstlosigkeit und seine ideale Anschauungsweise außerordentliche Mann auf die jungen Leute in der Schule den wohltätigsten Einfluß ausübte, und dieser auf Scharnhorsts wissenschaftliche und Charakterbildung ausgeübte Einfluß sollte sich in den Leistungen und Lehren des besten Schülers vertausendfachen, ja bis in die fernsten Zeiten wirksam werden.

Bald nach dem Tode des Fürsten, im Jahre 1777, wurde die Schule auf dem Wilhelmstein aufgelöst, sie hatte nur kurze Zeit bestanden, aber durch Scharnhorsts Ausbildung eine große historische Bedeutung gewonnen. Scharnhorst schildert seinen Wohltäter mit folgenden Worten: „Man wird selten so viel unbedingliche Güte des Herzens mit so vielen großen Eigenschaften des Geistes, wie bei ihm, vereint sehen. Sich und die Welt mehr aufzuklären war sein beständiges Bestreben, Menschenliebe und Guttätigkeit machten ihn zum allgemeinen Vater und Versorger seines Landes. Er hat nie einen Notleidenden ohne Hilfe gelassen, nie arme Wittwen und Waisen ohne Versorgung. Er ließ zuletzt allen Aufwand seines kleinen Hofes eingehen und war allein dadurch glücklich, daß er andere glücklich machte. Gegen jeden seiner Nebenmenschen bewies er sich wohlwollend und gütig. In seiner Militärschule war er der Anordner, Aufseher und Guttäter der Lehrer sowie Freund seiner Offiziere. Ich kann ohne eine Art von Enthusiasmus mich nicht der Anordnungen dieses Herrn erinnern."

Scharnhorst blieb noch kurze Zeit in der Artillerietruppe des kleinen Fürstentums, wurde aber dann, Oktober 1778, auf seine Bitte freigegeben, um in das 8. hannoversche Dragonerregiment, in welchem sein Vater gedient hatte, als Fähnrich überzutreten. Er war jetzt fast 23 Jahre alt. Wir können ihn uns vorstellen als einen Mann mittlerer Größe mit kräftigen, markigen Gesichtszügen, blauen Augen und dunkelbraunen Haaren.

Sein Regimentskommandeur, General von Estorff, hatte es zu dieser Zeit für notwendig gehalten, eine Regimentsschule einzurichten, um die recht mangelhafte Bildung seiner Offiziere zu verbessern. Das gute Abgangszeugnis, mit dem die Wilhelmsteinsche Schule Scharnhorst entlassen hatte, — nach den ersten drei Jahren war er Primus geworden — sollte Veranlassung werden, daß er sehr bald berufen wurde, in der Dragoner-Offizierschule als Lehrer zu funktionieren. Schon nach vier Jahren benutzte er eine sich bietende Gelegenheit, um in die neu gegründete Artillerieschule zu Hannover überzutreten, da seine Neigungen und namentlich seine Vorliebe für die Mathematik ihn mehr zur Artillerie als zur Kavallerie hinzogen; seine bei den Dragonern bewährte Lehrtätigkeit hatte den Gründer der Artillerieschule auf ihn aufmerksam werden lassen.

Noch vor fertiger Einrichtung der neuen Schule im Herbst 1783 fand Scharnhorst Gelegenheit die bayerische und die österreichische Artillerieschule, sowie auch die Artillerie Friedrichs des Großen in Berlin kennen zu lernen. Auf der Rückkehr von Wien hatte er die Schlachtfelder von Kollin, Lowositz, Freiburg und Roßbach besucht. Er vermochte hiermit seinen militärischen Gesichtskreis bedeutend zu erweitern, ungleich seinen Kameraden, welchen solche Reisen sehr fern lagen.

Als 28jähriger Fähnrich war er an Kenntnissen schon so reich, daß er ein vortrefflicher Lehrer wurde, theoretisch an der Schule und praktisch bei den jährlich drei Monate währenden Übungen der Schüler im Anschlusse an die Truppe.

Ein halbes Jahr nach seiner Anstellung bei der Artillerieschule war Scharnhorst Leutnant geworden und ein Jahr darauf, am 24. April 1785, heiratete er die Schwester eines jungen Gelehrten in Hannover, Klara Schmalz, welche ebenso wie er von ernster, schweigsamer Gemütsart war und ihm 18 Jahre lang eine vortreffliche Gattin, eine sorgsame Mutter ihrer fünf Kinder sein sollte. Seine Frau war arm, stand aber geistig so hoch, daß er dauernd bei ihr eine verständnisvolle Stütze finden konnte. Als eine durchaus mitempfindende Seele half sie ihm über mancherlei Enttäuschungen hinweg, sie war aber geneigt, das Leben übermäßig schwer zu nehmen.

Bei dem knappen Gehalt von wenig über 400 Talern und nur geringen Zuschüssen von dem Gute in Bordenau, welches in den Besitz seines älteren Bruders übergegangen war — mußte der junge Haushalt ein schwieriger sein.

Der militärisch-literarische Nebenverdienst, den Scharnhorst sich dauernd durch seine Schriften erwarb, wurde daher recht notwendig. Erst mit 37 Jahren fand er eine Aufbesserung seiner materiellen Lage durch das Kapitänsgehalt.[4])

Die kriegerische Tätigkeit Scharnhorsts, welche im Frühjahr 1793 begann, wird in einem besonderen Kapitel geschildert werden. Es sei hier nur erwähnt, daß er sich im Gefecht bei Hondschotten in den Niederlanden am 8. September 1793 und bei dem berühmten Durchbruch der Besatzung von Menin in der Nacht vom 29. zum 30. April 1794 sehr auszeichnete. Seine weiche und impressionable Gemütsart, seine durchaus humanistischen Anschauungen hatten nicht verhindert, daß er im Kampfe große Entschlossenheit und Energie bewies. Seine in den Gefechten und auch sonst hervorgetretene Tüchtigkeit veranlaßten den neuen Kommandeur der hannoverschen Truppen, General v. Wallmoden, ihn Ende Mai 1794 in sein Hauptquartier zu berufen, und hiermit beginnt Scharnhorsts Generalstabstätigkeit, welche volle Anerkennung fand, wenngleich er in dem weiterhin recht unglücklich verlaufenden Feldzuge hauptsächlich Dispositionen für Rückzüge und Rückmärsche entwerfen sollte. Nachdem auch Holland vor den Franzosen geräumt werden mußte, verlegte General von Wallmoden am 9. Februar 1795 sein Hauptquartier nach Osnabrück. Dies sollte für Scharnhorst insofern von Bedeutung werden, als hier bald noch ein preußisches Korps eintraf. Er fand nun Gelegenheit, mehrere einflußreiche preußische Generale und auch den Prinzen Louis Ferdinand kennen zu lernen. Seine vortreffliche Stellung bei dem General von Wallmoden und sein Renommee als wissenschaftlich hervorragend gebildeter, dabei tapferer und praktischer Offizier wurden schon damals in Preußen bekannt. Es wurde dadurch der 6 Jahre später erfolgende Übertritt in die preußische Armee herbeigeführt und erleichtert. Bereits zu Anfang des Jahres 1797 war durch Vermitteilung des Oberstleutnant Phull vom preußischen Generalstabe und des Artilleriekommandeurs in Berlin, General Tempelhoff, die Aufforderung an ihn herangetreten, als Major und Kommandeur eines neu zu errichtenden Artilleriebataillons mit dem damals hohen Gehalt von 3000 Talern in den preußischen Dienst überzutreten, nachdem er kurz vorher einen ähnlichen von Dänemark aus ergangenen Antrag abgelehnt hatte.

Scharnhorst konnte sich zunächst nicht entschließen, seine Heimat Hannover zu verlassen, es wurden ihm hier auch Zusicherungen betreffs einer materiellen Aufbesserung gemacht. Er lehnte daher den ehrenvollen Antrag ab und bat, von dem ihm gewordenen Anerbieten erst in der Folge Gebrauch machen zu dürfen.

In jene Zeit paßt eine aus Treitschkes Feder stammende Charakteristik von Scharnhorsts Persönlichkeit: „Die stramme, soldatische Haltung der altpreußischen Offiziere war ihm fremd. In nachlässiger Uniform ging er einher, den Kopf gesenkt, die sinnenden Augen in sich gekehrt. Das Haar fiel ungeordnet über die Stirn. In Hannover sah man ihn oft, wie er an dem Bäckerladen beim Tore selber anklopfte und dann mit Weib und Kindern draußen unter den Bäumen der Ellenriede zufrieden sein Vesperbrot verzehrte. So blieb er sein Leben lang schlicht und schmucklos in allem. In seinem Tun ist ihm die Sache alles, die Form nichts. Doch die Überlegenheit seines Geistes, der Ernst seiner Frömmigkeit und der Adel seiner Sittlichkeit verbreiteten um den schlichten Mann einen Zauber natürlicher Hoheit, der die Gemeinen abstieß, hochherzige Menschen langsam und sicher anzog."

Im Herbst 1800 kam Scharnhorst in einem Schreiben an Oberstleutnant Lecoq vom preußischen Generalstabe auf das früher ihm gemachte Anerbieten zurück und erklärte sich bereit, in den preußischen Dienst überzutreten. Dem König Friedrich Wilhelm III. wurden Denkschriften Scharnhorsts vorgelegt, unter denen diejenige über Truppenübungen, Ausbildung und Verwendung des 3. Gliedes der Infanterie zum zerstreuten Gefecht des Königs besonderen Beifall fand, da der König selbst diese Idee zu einer Verbesserung der Infanterietaktik gehabt hatte, bei einer Bewaffnung dieser Mannschaften mit Büchsen, wenn es gelänge ein Modell zu konstruieren, welches sich nicht so leicht verschleime. (Scharnhorst legte ein solches von ihm erdachtes Modell vor.)

Der König genehmigte sämtliche Wünsche Scharnhorsts, versprach auch die Verleihung des erblichen Adels, worauf derselbe wegen seiner beiden für den Militärdienst bestimmten Söhne Wert gelegt hatte. Die Entlassung aus dem hannoverschen Dienst erfolgte am 19. Mai 1801.

Die Tätigkeit im preußischen Dienst war zunächst eine praktische in Stellung des Gehilfen eines Artillerieregimentskomandeurs und eine theoretische mit Vorträgen an der Artillerieakademie, sowie mit Niederschreiben von Denkschriften über die Reformen, welche auf Grund der letzten Kriegserfahrungen in Organisation und Ausbildung wünschenswert erschienen. Der König gab die Vorschläge an den damals noch als Autorität geltenden Herzog Ferdinand von Braunschweig, welcher sie für die preußische Armee nicht anwendbar fand.

Mehr Glück hatte Scharnhorst auf Grund seines Renommees als Militärlehrer und Schriftsteller auf dem Gebiet des Bildungswesens (s. 2. Kapitel). Er verbesserte die vorhandenen Militärschulen, gründete eine Militärakademie (die spätere Kriegsakademie, 1804) und stiftete 1801 die noch heute bestehende Militärische Gesellschaft.

In seinen wissenschaftlichen Bestrebungen sehr anerkannt, wurde er am 26. März 1804 in den Generalstab versetzt und vermochte für die Entwicklung desselben im modernen Sinne tätig zu sein. Bei der Mobilmachung 1805 und dann 1806 wurde er als Generalstabschef (Quartiermeister) bei einer Armee verwendet (3. Kapitel).

In die Berliner Friedensjahre fiel der Verlust seiner Frau am 12. Februar 1803 und ein Jahr später der Tod seiner jüngsten Tochter. Die zweitgeborene Tochter war schon 1792 ein Jahr alt gestorben. Seine älteste Tochter, die spätere Gräfin D o h n a, schloß sich ihm nun besonders an, und in dem regen brieflichen Verkehr mit ihr hat er oft in Leid und Freud sein Herz ausgeschüttet. Viele dieser Briefe sind erhalten und abgedruckt (Klippel). Sie legen Zeugnis ab von einer edeln, tief empfindenden Seele, von Begeisterung für seinen Beruf, trotz vieler Enttäuschungen — und von einem glühenden Patriotismus.

Die Hoffnung der preußischen Patrioten, zu deren besten Scharnhorst mit Prinz Louis Ferdinand und B l ü c h e r gehörte, war im Herbst 1805 darauf gerichtet, daß die mobile Armee in denkbar günstigster Lage gegen Napoleons Verbindungen und nach Deutschland hinein marschieren werde. Die Schlacht bei Austerlitz am 5. Dezember machte diese Hoffnungen zu nichte. Durch eine Reihe von unglücklichen Verhandlungen und Schwankungen gelangte dann Preußen zu dem ungleichen Kampf mit Napoleon im Herbst 1806. Scharnhorsts Einfluß im Hauptquartier blieb in den entscheidenden Tagen gering, er war dem Dienstalter nach der 3. der bei der Armee anwesenden höheren Generalstabsoffiziere. Über seine Tätigkeit in dieser Stellung s. 3. Kapitel. —

Auf dem Rückzuge nach Prenzlau und Lübeck war er Blüchers improvisierter Generalstabschef. In Lübeck am 6. November gefangen, wurde er auf Blüchers Wunsch sehr bald in Hamburg ausgewechselt und konnte am 17. von dort abreisen. Nach schwieriger Fahrt über Land traf er am 8. Dezember in Wehlau beim Könige ein und überreichte Blüchers Bericht über den Rückzug und die Kapitulation.

Sehr gnädig aufgenommen, konnte er zunächst eine Verwendung nicht finden und hatte schon die Idee, in russische Dienste überzutreten, als er am 14. Januar 1807 zum Generalstabschef bei dem Korps L'Estocq ernannt wurde.

Nach dem Frieden von Tilsit blieb Scharnhorst in unmittelbarer Nähe des Königs und auch in dessen Vertrauen, so daß er — von geringen Schwankungen abgesehen — seinen stark werdenden Einfluß einsetzen konnte zur Wiederaufrichtung der aufgelösten Armee und deren Neuorganisation auf einer den veränderten Verhältnissen entsprechenden Basis (s. 4. Kapitel).[5])

Im Gefolge des König's reiste er 1809 im Januar nach Petersburg und konnte dort seine Kenntnisse von der russischen Armee und deren Führern vervollständigen, seine Bedeutung wurde in Rußland voll anerkannt.

Im Frühjahr dieses Jahres wurde das bisher bestehende Oberkriegskollegium durch ein Kriegsministerium oder vielmehr eine 5. Abteilung des Gesamtministeriums ersetzt und Scharnhorst zum Chef des Allgemeinen Kriegsdepartements ernannt. Diesem war der Generalstab, das Militärbildungswesen und das Ingenieurdepartement unterstellt, nicht aber das Ökonomiedepartement, welches direkten Vortrag beim Könige behielt. Ein Kriegsminister wurde nicht ernannt. Scharnhorsts Machtbefugnis blieb also eine beschränkte, und die dauernd gegen seine Reformen arbeitende Opposition in den Kreisen der älteren Militärs drohte wiederholt seine Arbeit zum Scheitern zu bringen.

Beim Ausbruch des Krieges zwischen Frankreich und Österreich 1809 war er für ein Bündnis mit dem letzteren Staate, er überschätzte wohl die Initiative und Opferwilligkeit der deutschen Patrioten. Die Unternehmungen Schills, Dörnbergs und des Herzogs von Braunschweig scheiterten in sehr kurzer Zeit, ohne daß es notwendig gewesen wäre, andere als Vasallentruppen Frankreichs gegen die kleinen Scharen in Bewegung zu setzen. Bei der eher feindlichen als freundschaftlichen

Scheinbarer Rücktritt vom Kriegsministerium.

Haltung Rußlands war es ein Glück, daß Friedrich Wilhelm III. dem Drängen der Patrioten nicht nachgab. Scharnhorst arbeitete unterdessen in möglichst unauffälliger Weise weiter zur Erstarkung und Verbesserung der Armee. Einen Antrag von England, in den dortigen Dienst überzutreten, lehnte er ab, trotz materiell sehr verlockender Anerbietungen, schickte aber seine beiden Söhne dorthin. Bald nach dem Friedensschluß zwischen Frankreich und Österreich verlegte der König seine Residenz von Königsberg nach Berlin, der Einzug erfolgte am 23. Dezember. Ernst Moritz Arndt sah Scharnhorst im Gefolge, wie „er blaß und verschlossenen Blickes, vornüber gebückt, sich von seinem Rosse forttragen ließ" (Lehmann).

Scharnhorsts Bestrebungen waren der französischen Regierung denunziert worden, und es wurde ein scheinbarer Rücktritt vom Kriegsministerium im Juni 1810 notwendig. Sein Stellvertreter, Oberst von Hake, wurde aber angewiesen, sich in allen wichtigen Angelegenheiten mit ihm zu besprechen (Beilage I). Im Sommer 1810 war Scharnhorsts Gesundheit durch Überarbeitung und den Verdruß über die Intriguen seiner Feinde so erschüttert, daß er das Bad Cudowa in Schlesien aufsuchen mußte. Aus dieser Zeit stammt das in Beilage II abgedruckte Schreiben des Königs, aus welchem die Gesinnung des Kriegsherrn ihm gegenüber ersichtlich ist.

In Cudowa verlebte er einige Tage mit Ernst Moritz Arndt, aus dessen Feder die nachfolgende Schilderung seiner damaligen Persönlichkeit stammt:

„Schlank und eher hager als wohlbeleibt trat er, ja schlenderte er sogar unsoldatisch einher; gewöhnlich etwas vornüber geneigt. Sein Gesicht war von edler Form und mit stillen edeln Zügen ausgeprägt; sein blaues Auge groß, offen, geistreich und schön. Doch hielt er das Visier seines Antlitzes gewöhnlich geschlossen, selbst das Auge halb geschlossen, gleich einem Manne, der nicht Ideen in sich aufjagt, sondern über Ideen ausruht. Doch tummelten sich die Ideen in diesem hellen Kopfe immer herum; er hatte aber gelernt, seine Gefühle und Gedanken mit einem nur halb durchsichtigen ruhigen Schleier zu umhängen, während es in seinem Innern kochte. Doch wie sicher und fest geschlossen er sein Angesicht und die Gebärden desselben auch hielt, er machte den Eindruck des schlichten und besonnenen Mannes" . . . „Seine Rede war langsam und fast lautlos schritt sie einher, sprach aber im langsam dehnenden Ton kühnste Gedanken oft mit sprichwörtlicher Kürze aus" (Klippel). Zur Ergänzung dieser Charakteristik können Boyens Worte dienen: „Scharnhorsts bescheidenes Auftreten im Kriegerkleide, sein Nachgeben gegen fremde Meinungen, wenn ihm der Gegenstand unerheblich oder bloß in einem Streit um die äußere Form zu liegen schien, täuschte das Urteil der flüchtigen Beobachter, die das Erscheinen eines großen Mannes nur immer durch Knalleffekte begleitet wähnen". . . „Niemand trug bei anscheinend weichen, selbst vernachläßigten Formen einen so unerschütterlich festen Willen in seiner Brust."

Die Jahre 1811 und 1812 wurden für Scharnhorst besonders schwer, da er wegen des Mißtrauens der französischen Regierung und vor den Anfeindungen der Franzosenpartei in Preußen in den Hintergrund treten mußte. Zeitweise wurde er auch von den Patrioten angegriffen, da er nach den Erfahrungen des Jahres 1809 deren Aktionslust für verfrüht hielt. Gneisenau schrieb im März 1811: „Es ist des Patriotismus viel bei uns in der Rede, wenig in der Tat."

Im Jahre 1812 hoffte Scharnhorst mit der inzwischen organisierten Armee, deren Kriegsstärke auf 120000 Mann gesteigert werden konnte, als Vorhut Rußlands in den Kampf eintreten zu können; Österreichs unsichere Haltung machte aber das Wagnis zu groß. Am 5. März 1812 unterzeichnete der König den Bündnisvertrag mit Frankreich, und Scharnhorst mußte sich unter dem Vorwande, die Festungen zu inspizieren, für einige Zeit nach Schlesien zurückziehen. Die Vereinbarung mit Oberst von Hake wurde am 26. April vom König suspendiert.[6-7]

Es folgte die wichtige organisatorische Tätigkeit im Jahre 1813, sowie das Ende seines kriegerischen Wirkens bei Großgörschen am 2. Mai. Noch ehe seine hier erhaltene Wunde einigermaßen geheilt war, unternahm er in politischer Mission eine Reise nach Österreich, welche ihm den Tod bringen sollte.

Scharnhorst starb am 28. Juni 1813 in Prag infolge der durch die Reise eingetretenen Verschlimmerung der ursprünglich nicht gefährlichen Schußwunde am Knie und wurde dort am 30. Juni mit den beim Begräbnis eines österreichischen Generalleutnants üblichen Ehren vorläufig beigesetzt, unter allgemeiner Teilnahme der Bevölkerung. Als der König die Todesnachricht erhielt, sagte er: „Mit ihm bricht mir eine treue feste Stütze, er wird mir unersetzlich sein." Blücher schrieb: „Nun ist denn leider unser guter Scharnhorst auch tot; glauben Sie mich, eine verlorene Schlacht wäre kein größerer Verlust für uns gewest." Stein schrieb an dem Todestage: „Die Nachrichten, welche Oberstleutnant Grolman von Prag mitbrachte, sind sehr betrübend; wir müssen alles für ihn fürchten. Sein Tod wäre ein großes Unglück; er besaß einen richtigen Verstand, einen reinen Charakter, eine Ausdauer und Ruhe, welche ihn in diesem Augenblicke äußerst kostbar machte." — Gneisenau schrieb über den Verstorbenen: „Häufig ist das Verdienst unseres edlen Scharnhorst verkannt. Man will ihm Gerechtigkeit widerfahren lassen, wenn man ihn für einen tiefen Denker, mit der Gesamtheit der Kriegswissenschaften vertraut, gelten läßt, meint aber, er sei für die praktische Ausführung nicht geschaffen: und gerade diese praktische Brauchbarkeit, wohin sein langes Studium immer gerichtet gewesen, zeichnet ihn in so hohem Grade aus. Immer hat er bei seinen kriegswissenschaftlichen Forschungen dahin gestrebt, das praktisch Wichtige hervorzuheben und in das Leben übergehen zu machen. So sind seine Schriften, so sein Umgang, so seine Amtswirksamkeit." (Vgl. Beilage III—VII.)

Die Überführung der Leiche des nationalen Helden nach Berlin auf den Invalidenkirchhof fand erst im Jahre 1826 statt; das nach Schinkels Entwurf und nach einem Modelle von Rauch von Friedrich Tieck hergestellte ergreifend schöne Grabmonument wurde 1834 am Tage von Großgörschen enthüllt. Inzwischen hatte Friedrich Wilhelm III. ein von Rauch gearbeitetes Marmorstandbild neben der Königswache unter den Linden im Jahre 1822 aufstellen lassen.

Scharnhorst hatte kurz vor seiner Verwundung die Freude, seine beiden Söhne wiederzusehen, welche aus englischem Dienst zurückkehrend als Offiziere in die preußische Armee übernommen wurden. Der älteste Sohn starb 1854 als General der Infanterie a. D., und dessen beide Söhne starben unvermählt in den Jahren 1858 und 1875. Der zweite Sohn, gestorben 1826, hinterließ keine Söhne, so daß das Geschlecht im Jahre 1875 im Mannesstamme erloschen ist.

In der weiblichen Deszendenz leben noch Urenkel und Ururenkel in der Gräflich Dohnaschen Familie und in der Familie von Chaumontet...

2. Kapitel.
Lehrtätigkeit und militär-literarische Arbeiten.

Mit den auf der Wilhelmsteinschen Militärschule gewonnenen Kenntnissen, welche der junge Offizier durch Selbststudium fortgesetzt erweiterte und bereicherte, war

Scharnhorst schon im Alter von 23 Jahren unter seinen Berufsgenossen hervorragend, er erhob sich wesentlich über das geistige Niveau der damaligen Subalternoffiziere, welche mehr Ausübende des Soldatenhandwerks als Jünger der Kriegskunst waren. Mit 28 Jahren sollte er dann in der Militärschule zu Hannover, welche 1783 errichtet wurde, als Militärlehrer eine auf hoher ethischer Grundlage basierende Lehrtätigkeit beginnen, welche, wenn auch zunächst ohne sichtbaren Erfolg, in ihrer weiteren Entwicklung doch grundlegend wurde für die militär-wissenschaftliche Ausbildung des preußischen Offizierskorps.

Die Opposition der geistig trägen und neuerungsfeindlichen Masse, welche auf den Lorbeeren vergangener Zeiten bequem ruhen wollte, hat Scharnhorst große Schwierigkeiten und auch viel Kummer bereitet, aber wiederholte Abweisungen und Mißerfolge schreckten ihn nicht zurück. In den zum großen Teil mit seiner Lehrtätigkeit zusammenhängenden literarischen Arbeiten hat er immer von neuem darum gekämpft, die Heeresorganisation, die Taktik und die Ausbildung der Truppe auf eine den zeitgemäßen Anforderungen entsprechende Höhe zu bringen, unter Festhaltung des in der Tradition liegenden militärischen Geistes, nur unter Änderung der veralteten Formen dieser Tradition.

Scharnhorsts militärische Anschauungen und seine Lehrtätigkeit beruhten auf der idealen Grundlage des von seinem Gönner, Kriegsherrn und Lehrer, dem Grafen Wilhelm von Schaumburg, gegebenen hohen Beispiels. Der hochdenkende Fürst hatte es in seinem Range als Feldmarschall nicht verschmäht, sich an seinem Lebensabend um die Fortschritte der wenigen Schüler in der von ihm gegründeten Schule im Detail zu kümmern und den Lehrern, theoretisch wie praktisch, mit bestem Beispiele voranzugehen.

Scharnhorsts außerordentliche Lehrbegabung stammt aus jener Zeit; der Graf hielt die besseren Schüler dazu an, auch ihrerseits als Lehrer der jüngeren Kameraden zu funktionieren. Als Krieger mit reicher Erfahrung im Felde, weitgereist und sprachkundig, stand der Graf jeglicher Lehrpedanterie fern, er legte weniger Wert auf die Masse der positiven Kenntnisse als auf Verständnis des Erlernten. Diese grundgesunde Anschauung für den an Militärs zu erteilenden Unterricht übernahm Scharnhorst, er ist ihr immer treu geblieben und hat sie auch an die von ihm geschaffenen und geleiteten Bildungsanstalten übertragen, zum Heile der preußischen Armee.

Die in seinen zahlreichen Denkschriften und Abhandlungen enthaltenen goldenen Worte und Ratschläge haben ihren Wert für alle Zeiten behalten[8]) und verdienen immer von neuem wiederholt zu werden, wenn es sich darum handelt, die heranwachsende Generation militärischer Führer zweckmäßig auszubilden und ihnen diejenigen Grundsätze einzuprägen, auf welche sich der immer schwieriger werdende militärische Beruf aufbauen muß, wenn er der Verweichlichung des modernen Lebens und den Fortschritten kriegerischer Nachbarn gewachsen sein soll.

In einer Denkschrift des 30jährigen hannoverschen Artillerieoffiziers und Militärlehrers finden sich folgende Grundsätze ausgesprochen: Sprachen, Historie der Dinge, die anfangs allein für das Gedächtnis seien, schärften nicht die Beurteilungskraft, und auf diese komme es bei dem Offizier hauptsächlich an, seine Entschließungen müßten augenblicklich gefaßt und ausgeführt werden, nie habe er seine Maßregeln nach einer bestimmten Regel, vielmehr stets nach den besonderen Umständen zu nehmen, in jedem anderen Stande könne man ohne Beurteilungskraft eher durchkommen. Er widerlegte die Besorgnis, daß durch das Studium der Dienst leide, indem ersteres dazu verleite, letzteren geringschätzig anzusehen. Es sei falsch, anzunehmen, daß der Offizier in den niederen Graden keiner wissenschaftlichen Kenntnis des Krieges bedürfe, denn in den höheren Chargen und in reiferen

Jahren fehle es in der Regel an Zeit sowie auch an
Lust noch ein Studium zu beginnen, welches ein ununter=
brochenes sein müsse. Die Kriegspraxis allein reiche nicht
aus. Der Nutzen der Erfahrung hänge von der Beob=
achtung ab, man könne aber keine Beobachtungen machen,
so lange man nicht richtige Begriffe besitze. Im Kriege
müsse man auf hundert Dinge Rücksicht nehmen, auf
welche die nicht geschulte Vernunft niemals hinweisen
werde. — Mit Lesen allein komme man nicht weiter, in
der Regel übersehe man erst beim dritten Durchlesen
einer militär=wissenschaftlichen Abhandlung oder Be=
trachtung den Inhalt in genügender Weise und bedürfe
dann noch der Repetition in strenger Selbstkritik.' Man
müsse sich im Studium hüten vor einem zu schnellen
Vorwärtsgehen.

Diese etwas pedantisch erscheinenden Ratschläge
Scharnhorsts sind wohl zu beherzigen, denn in keiner
Wissenschaft verliert man so leicht den bescheidenen Stand=
punkt wie in der Kriegswissenschaft. So mancher junge
Offizier, welcher von Feldherrn begangene Fehler ge=
lesen, erkannt und erörtert hat, ist geneigt, sich über solche
Fehler erhaben zu dünken, bis er an der Spitze von
60 Mann unter dem Eindruck verschiedenartiger Meldungen
und unsicherer Beobachtungen in denselben Fehler verfällt,
welcher mit 60000 Mann zum Verlust einer Schlacht
geführt hat.

Scharnhorst hält „richtige Begriffe" für eine un=
bedingt notwendige Basis der militär=wissenschaftlichen
Bildung, die anzuratenden Verhaltungsmaßregeln seien
aber stets durch Beispiele zu erläutern. „Bloße Regeln
ohne Gründe oder Regeln, welche auf Erfahrung oder
Autorität sich gründen, bilden auf keine Art die Beurteilungs=
kraft, und auf diese kommt es doch beim Offizier mehr
als aufs bloße Wissen an." Die Beispiele für die ge=
wonnenen Begriffe finde man in gut bearbeiteter, mit
Erläuterungen und Bemerkungen versehener Kriegs=

geschichte. Scharnhorst bezeichnet den „Unterricht des Königs von Preußen an die Generale seiner Armee", welcher geheim gehalten wurde, bis die Österreicher die Instruktion bei einem Gefangenen im Jahre 1760 fanden und dann publizierten — als besten Leitfaden für den kriegswissenschaftlichen Unterricht. Sein „Handbuch für Offiziere in den anwendbaren Teilen der Kriegswissenschaft" Hannover 1787—1790 — ergänzte er im Jahre 1794 durch eine Neuausgabe dieses Unterrichts (Beilage VIII).

Für das rein praktische Bedürfnis in der Truppe hielt es Scharnhorst für zweckmäßig, den Offizieren ein „Taschenbuch für den Gebrauch im Felde" in die Hand zu geben. Dasselbe erschien 1792 in Hannover und schon im folgenden Jahre in zweiter Auflage. In Preußen wurde es nach dem unglücklichen Kriege 1806/07 eingeführt und war in der Zeit der Freiheitskriege im allgemeinen Gebrauch. Nach dem Kriege wurde es von Rühle von Lilienstern umgearbeitet und erweitert unter dem Titel „Handbuch für den Offizier zur Belehrung im Frieden und zum Gebrauch im Felde". Berlin 1817/18.

In Rücksicht darauf, daß der Offizier sich nur wenige Bücher kaufen könne, gründete Scharnhorst 1782 in Hannover und später in Berlin militärische Zeitschriften, aus welchen sich die Offiziere über die besseren neu erschienenen militärischen Werke orientieren konnten, und welche geeignet waren, für das Studium Anregung und Hilfe zu gewähren.

Wenn man die Fülle des von Scharnhorst in Denkschriften, Abhandlungen, Leitfäden und Zeitschriften bearbeiteten militärischen und kriegsgeschichtlichen Materials übersieht, so muß man staunen über die enorme Arbeitskraft, man bewundert die andauernd ideale Grundstimmung seiner Publikationen und das unermüdliche Bestreben, die Kameraden und vor allem die heranwachsende militärische Jugend in der theoretischen Ausbildung zu unterstützen.

Die Wirkung dieser Arbeiten war, wie es damals nicht anders sein konnte, eine nur langsame, sie ist aber eingetreten und kann bis heutigen Tages als noch vorhanden bezeichnet werden; er fixierte die Bahnen, auf denen nach ihm **Rühle von Lilienstern, Müffling, Clausewitz, Reiher und Moltke** zum Vorteil der preußischen und deutschen Armee weiter fortgeschritten sind.

Scharnhorst fand in seinen organisatorischen Bestrebungen viel Widerstand, weniger in seinen Bemühungen, die Militär-Bildungsanstalten zu höheren Leistungen umzugestalten und zu fördern.

Friedrich der Große hatte es in der langen Friedensepoche für notwendig erkannt, die Offiziere militärwissenschaftlich zu beschäftigen und zu fördern. Er hatte in den größeren Garnisonen Winterkurse für die Begabteren unter den jüngeren Offizieren der Infanterie eingerichtet, in diesen Kursen wurde Unterricht erteilt in der Fortifikation und in der Terrainlehre. Der Winterkursus in Berlin erlangte naturgemäß eine größere Bedeutung und erhielt sich bis zum Regierungsantritt Friedrich Wilhelms III., welcher auch Kavalleristen zuzulassen befahl und durch Heranziehung eines Zivillehrers für Logik dem Kursus einen höheren Standpunkt verlieh.

Scharnhorst wurde gleich nach seinem Übertritt in preußische Dienste als Oberstleutnant in dem in Berlin stehenden 3. Artillerieregiment, als bewährte Lehrkraft in dem „Institut für jüngere Offiziere der Berlinischen Inspektion" herangezogen und erteilte hier 1801 bis 1802 Unterricht in der Artillerie. Schon in einem Ende Juli 1801 an seine Frau gerichteten Briefe erzählt er: „Wir haben hier eine **militärische Gesellschaft**¹) gestiftet, ich wurde aufgefordert daran teilzunehmen und bei der ersten Zusammenkunft zum Direkteur derselben ernannt." Seine wissenschaftliche Bildung und seine literarischen Leistungen müssen also schon damals in Berlin gekannt und anerkannt worden sein. Zunächst waren Mitglieder außer ihm nur noch sechs Offiziere: die Majors von Rheinbaben und von Hake, die Kapitäns von Menu, von Aderkas und zwei namens von Schöler, ferner zwei Professoren vom Kadettenkorps. Nachdem noch mehrere Offiziere, der General von Rüchel, die Prinzen August Ferdinand von Preußen und Karl von Mecklenburg-Strelitz beigetreten waren, konnte der Gesellschaft eine bestimmte Form gegeben, und am 24. Januar 1802, dem Jahrestage der Geburt Friedrich des Großen, der Stiftungstag der erweiterten Gesellschaft gefeiert werden. Im Januar fand dann noch eine Revision der vereinbarten Bestimmungen statt und ergab eine Verfassung nach folgenden Grundzügen:

„Der Zweck der Gesellschaft ist: sich durch wechselseitige Mitteilung in allen Zweigen der Kriegskunst auf eine Art zu belehren, welche, indem sie zur Erforschung der Wahrheit ermuntert, die Schwierigkeiten, sowie die leichtmögliche Einseitigkeit des Privatstudiums vermeiden läßt, und am besten geeignet zu sein scheint, Theorie und Praxis in das richtige Verhältnis zu setzen.

„Die Mitglieder der Gesellschaft bestehen aus Königlich-preußischen Offizieren und solchen Zivilpersonen, welche entweder eine militärische Lehrstelle bekleiden, oder bei den übrigen mit der Armee in unmittelbarer Verbindung stehenden Zivilkollegiis arbeiten oder im auswärtigen Departement angestellt sind ...

„Die Gesellschaft hat einen Präses; dieser bestätigt ihre Gesetze, und ohne seine Genehmigung können keine Aufsätze gedruckt werden. Der Präses führt die Oberaufsicht über den Geist, der in der Gesellschaft herrscht ...

„Die Mittel zur Ausführung des Zwecks der Gesellschaft sind freundschaftliche Unterhaltungen über militärische Gegenstände und Vorlesungen von Abhandlungen über solche Gegenstände der Kriegskunst, welche in unserer Zeit eine besondere Aufmerksamkeit verdienen und Beziehung auf die Verrichtung des Offiziers im Kriege haben. Die anwesenden Mitglieder der Gesellschaft kommen in dieser Absicht wöchentlich einmal zusammen. Es wird in jeder Sitzung bestimmt, womit man sich in der nächstfolgenden unterhalten und beschäftigen will, damit man im voraus über den bestimmten Gegenstand seine Gedanken sammeln kann...

„Ein jedes Mitglied, welches glaubt, daß die Erörterung irgendeines Gegenstandes der Gesellschaft von einigem Interesse sein könnte, proponiert, ohne sich zu nennen, denselben zur Bearbeitung, indem es seine Proposition auf einen Zettel schreibt und in den Ballotierkasten wirft...

„Ferner findet die Gesellschaft Stoff zu ihrer Unterhaltung und Belehrung in den Anzeigen und Rezensionen neuer militärischer Werke; denn es ist ein Gesetz, daß über alle neuen militärischen Werke von einigem Werte in der Gesellschaft Nachricht erteilt wird...

„Endlich findet noch zur Aufmunterung für Arbeiten bei der Gesellschaft eine Art Preisschriften statt, welche aber, dem Charakter gemäß, der die Gesellschaft beherrscht, nur durch eine gesetzliche Preisformel ausgezeichnet werden dürfen"...[10])

Aus vorstehendem gewinnt man den Eindruck, daß vor dem Jahre 1806 in Berlin Neigung zu ernster militärwissenschaftlicher Neigung vorhanden war und daß sich dieselbe auch betätigen konnte. Die militärische Gesellschaft hatte bis zur Mobilmachung 1805 160 Sitzungen abgehalten.[11])

Eine noch intensivere, bis in die neueste Zeit reichende Einwirkung auf die wissenschaftliche Ausbildung und Vorbereitung der jüngeren Offiziere für die Aufgaben des Krieges gewann Scharnhorst im Jahre 1804 dadurch, daß nach seinen Vorschlägen neben dem „Institut für die Berlinische Inspektion", welches mehr elementaren Charakter hatte, eine höhere militärische Lehranstalt, „die Akademie", gegründet wurde. Der von ihm ausgearbeitete

Entwurf fand den vollen Beifall des Königs; mittels Kabinettsordre vom 21. Juni 1804 wurde der Plan genehmigt und wurden jährlich 3000 Taler für die Ausführung angewiesen. Gleichzeitig wurde Scharnhorst zum Direktor ernannt, unter Oberaufsicht des Generalleutnants von Geusau.

Der Plan (nach Klippel) ist in Beilage X abgedruckt. Die dem Plan angeschlossene, aus Scharnhorsts Feder stammende „Lehreinrichtung" der Akademie läßt am besten erkennen, wie nach seiner Ansicht die weitere wissenschaftliche Förderung derjenigen jungen Offiziere einzurichten sei, welche sich für höhere Stellen in der Armee ausbilden wollen.

Der Unterricht in der Logik und in der Mathematik soll den Zuhörer zum Selbstdenken anleiten, in beiden Wissenschaften ist er dazu anzuregen, das Mangelhafte und Fehlerhafte herauszusuchen, indem er logisch schwache Aufsätze und schwache Beweise zu zensieren hat. Daneben sollen die Lehrer durch sokratische Gespräche mit den Zuhörern einige Wahrheiten entwickeln, um sie „auf alle Art zum Nachdenken zu lenken und ihr Gefühl für Richtigkeit und Wahrheit zu beleben". Im 3. Jahre solle die Logik praktisch geübt werden, indem alle 14 Tage eine kleine Ausarbeitung zu fordern ist, bei welcher allein auf Anordnung und Präzision gesehen wird.

Für den Unterricht in Fortifikation und im Belagerungskriege wird als ein umständlich zu behandelnder Hauptpunkt bezeichnet die Verbesserung einer verfallenen oder fehlerhaften Festung durch Verschanzungen, Palisaden, Blockhäuser usw., wenn sie mit einer Belagerung bedroht wird und keine förmlichen Werke angelegt werden können, wie z. B. 1794 bei Menin geschehen mußte.

Betreffs der Vorlesung über angewandte Taktik bezeichnet Scharnhost als Zweck „die wichtigsten Begriffe von den allgemeinen Anordnungen zu geben, dann den Zuhörer mit den Ansichten verschiedener berühmter Feldherrn bekannt zu machen, um dadurch Gelegenheit zu Betrachtungen herbeizuführen, ohne sich in Bestimmungen und Behauptungen, die ohnehin bei Gegenständen dieser Art oft einseitig sind, einzulassen". Bei den Beispielen aus der Geschichte sei insbesondere das Nachahmungswürdige zu zeigen. Der Unterricht in der Strategie soll im Anschluß an die lehrreichsten Kriege erteilt werden und zwar solcher, deren Kriegstheater den Offizieren schon vorgetragen ist. Nach dem Vortrage eines Feldzuges sei ein anderer zu schildern, in welchem die Befolgung der Grundsätze, welche man in dem ersten für richtig erkennen mußte, durch die Umstände eine große Abänderung oder Ermäßigung erleiden. „Es würde ein großer Fehler sein, wenn der Lehrer bei der Entwicklung dieser Feldzüge die Neigung zum Kritisieren, die wir ohnehin zu sehr lieben, weckte. Er lehrt hier das Nachahmungswürdige und nicht das Fehlerhafte aufsuchen. Er zeigt vielmehr, wie unzuverlässig und verführerisch die Kritik in solchen Fällen ist und führt davon lächerliche Beispiele an, deren wir leider eine nur allzugroße Menge haben." Bei den praktischen Artillerieübungen haben die Offiziere selbst das Geschütz zu bedienen, die geleisteten Wirkungen zu untersuchen und über dieselben das Schießprotokoll zu führen.

Als Übung in der Feldbefestigung soll dienen die Erbauung einer Schanze mit den verschiedenen Arten der Bekleidung, mit Palisaden, Wolfsgruben und Fladderminen in Gegenwart der Offiziere.

Als Hauptzweck der Akademie wird von Scharnhorst bezeichnet: „Die jungen Offiziere in der Ausarbeitung von eigenen auf die wirkliche Natur sich beziehenden Entwürfen zu üben und ihnen Gelegenheit zu geben, das Auge auf dem Felde zu üben. In dieser Absicht wird ihnen alle vierzehn Tage ein auf die Gegend von Berlin sich beziehendes Thema zu einer Ausarbeitung gegeben" ...

„Eigentliche Prüfungen sollen nicht stattfinden.

Der Direktor stellt aber vierteljährlich persönlich an die Offiziere mehrere Fragen, läßt sie schriftlich unter seinen Augen in einer bestimmten Zeit beantworten."

Bei dem Mangel an geeigneten Lehrkräften übernahm Scharnhorst als Direktor die Vorlesungen über Strategie, Taktik, Wirkung des Feldgeschützes und den Unterricht in den Verrichtungen des Generalstabes. — Nach des Schülers Clausewitz Schilderung besaß er weder blendenden Witz, noch stand ihm eine mit sich fortreißende Lebendigkeit der Rede zu Gebote. Es machte vielmehr anfänglich eine auffallende Unbeholfenheit in der Ausdrucksweise auf die Zuhörer einen ungünstigen Eindruck, sie fühlten aber bald heraus, daß sie durch seinen Vortrag, dem Inhalte nach, in ihren Einsichten und Kenntnissen bedeutend gefördert wurden.

Ursprünglich wurden nur 20 Offiziere zugelassen.[12]) Die Akademie bestand nur 2 Jahre, als sie durch die Katastrophe von 1806 beseitigt wurde. Sie lebte aber im Jahre 1810 und dann nach den Freiheitskriegen wieder auf.

Scharnhorsts bedeutendstes Werk war das in den Jahren 1804—1814 erschienene „Handbuch der Artillerie", welches auch ins Französische übersetzt wurde. (Beil. VIII).

Im Frühjahr 1812 begann Scharnhorst an einem neuen Werk zu arbeiten „Über den Krieg und die Kriegführung", mit welchem er jedoch wegen der kriegerischen Ereignisse über die ersten Anfänge und einige Bruchstücke nicht hinauskam (Beilage IX).

Der Bedeutung Scharnhorsts für die Militärliteratur ist auf dem Standbilde neben der Königswache in Berlin dadurch Ausdruck gegeben, daß auf dem östlichen Relief am Sockel in einem vor Minerva aufgeschlagenen Buche sein Name als sechster verzeichnet steht hinter den hervorragendsten Schriftstellern der letzten Jahrhunderte: Montekukuli, Vauban, Wilhelm Graf von der Lippe, Marschall von Sachsen, Friedrich II.

3. Kapitel.
Kriegerische Tätigkeit.

Scharnhorsts kontemplative Natur, seine stark humanistische Gesinnung, seine Neigung ja Passion für wissenschaftliche Beschäftigung und literarische Tätigkeit könnten vermuten lassen, daß er mehr zum Gelehrten als zum Soldaten prädestiniert gewesen ist. Er bewies aber im Feuer, daß in ihm der göttliche Funke des echten Kriegers glühte. Als guter Reiter und von hoher körperlicher Energie hatte er durchaus die Eigenschaften eines Feldsoldaten, wenngleich er nichts weniger als eine Landsknechtnatur war. Er liebte nicht den Krieg als solchen, sah ihn vielmehr als notwendiges Übel an, welches aber an Staat, Heer und den einzelnen Krieger die höchsten Anforderungen stellt. An dem Tage nach seinem ersten Gefecht, welches glücklich verlief, schrieb er an seine Frau: „Gott gebe uns bald Frieden. Ich bin nicht zum Soldaten gemacht. Ohne Schwierigkeit ertrage ich die Gefahr, aber der Anblick der unschuldigen, jammernden Menschen im Blute neben mir, das Feuer der brennenden Dörfer, von Menschen zum Vergnügen angelegt, die übrigen Greuel der allgemeinen Verwüstung bringen mich in Wut und in eine mir unerträgliche Stimmung." Letzteres bezog sich namentlich auf die Roheiten englischer und österreichischer Soldaten. Scharnhorsts Edelmut bäumte sich dagegen auf, daß den Gefangenen meist kein Pardon gegeben wurde.

Für seine spätere literarische und Lehrtätigkeit war die, wenn auch nur geringe Kriegserfahrung in den Jahren 1793—95 von hohem Wert, denn er hatte nun doch den Krieg kennen gelernt, die Mängel bei den eigenen und den verbündeten Truppen erkannt, manche Vorzüge bei den feindlichen beobachten können. Seine Lehrtätigkeit gewann dadurch eine gute Basis, und seine

in den folgenden Jahren ausgesprochenen Reformvor=
schläge für die Heeresorganisation und Taktik konnten
von den Anhängern des Althergebrachten nicht als
theoretisches Machwerk beiseite geschoben werden.

Scharnhorst stand als Batterieoffizier bei der Artillerie
des 13000 Mann starken Hilfskorps, welches unter Feld=
marschall Freytag Ende März 1793 nach den öster=
reichischen Niederlanden abmarschierte, um im englischen
Solde gegen die Franzosen unter Dumouriez zu kämpfen.
Das kleine hannoversche Korps stieß ebenso wie ein
hessisches zu der englisch=österreichischen Armee unter
dem Prinzen Coburg, welche die im Jahre 1792 ver=
lorenen österreichischen Niederlande wiedergewinnen sollte.

Als die hannoverschen Truppen Ende Mai auf dem
Kriegsschauplatz eintrafen, hatte der Prinz Coburg die
Franzosen bei Neerwinden (18. März 1793) geschlagen
und über die Grenze zurückgedrängt. Es handelte sich
jetzt darum, die an der Schelde liegenden beiden Festungen
Condee und Valenciennes zu nehmen, hinter denen in
einer Position bei Famars die französische Armee
Stellung genommen hatte. Die Verbündeten griffen
am 23. Mai mit doppelter Überlegenheit an. Scharn=
horsts Batterie kam zum ersten Male ins Gefecht und
zwar gegen eine unfertige, mit sechs Geschützen besetzte
französische Schanze, welche nach längerer Beschießung
von ungarischen Husaren in der Kehle angegriffen und
genommen wurde. Auch an anderen Stellen waren die
Verbündeten glücklich. Der erste mit nur geringen
Verlusten errungene Erfolg sollte am 24. durch einen
neuen Angriff erweitert werden, doch die Franzosen
hielten nicht stand und gingen über die Schelde zurück.
Valenciennes konnte nun eingeschlossen und dann auch
belagert werden. Scharnhorst erlebte hier seine erste
Belagerung, welche in der Nacht vom 13. zum 14. Juli
mit Eröffnung der ersten Parallele begann. Die Batterie
war gegen die Festung aufgestellt, allerdings nur in einem

Hondschotten 1793 und Menin 1794. 27

Nebenangriff, so daß er an der eigentlichen Belagerungs=
aktion nicht beteiligt war. Er hatte aber doch Gelegenheit,
sich über den Fortgang der Belagerung orientiert zu er=
halten und manche Mängel zu bemerken. Die französische
Festung fiel durch Kapitulation am 28. Juli. Eine größere
Operation der verbündeten Armee, um diesen Erfolg
auszunutzen, wurde durch England verhindert, welches die
Eroberung der Hafenfestung Dünkirchen wünschte. Am
15. August wurde der fünfzehn Meilen betragende Marsch
dorthin angetreten, derselbe führte über die von holländischen
Truppen besetzte kleine Festung Menin.

Scharnhorsts Batterie gehörte zu dem 10000 Mann
starken Korps unter General von Wallmoden, welches
in einer sehr ausgedehnten Stellung die Belagerung
gegen die französische Nordarmee decken sollte. Letztere
war sehr verstärkt worden und erzwang sehr bald die
Aufhebung der Belagerung. In der Nacht vom 6. zum
7. September wurde ein recht schwieriger Rückzug not=
wendig, während desselben kam die Batterie, bei welcher
Scharnhorst stand, in Gefahr genommen zu werden. Am
8. im Gefecht bei Hondschotten, zeichnete er sich aus,
indem er aus eigenem Antriebe mit zwei Geschützen vor
der kleinen Stadt zurückblieb und mit Hilfe von einigen
zusammengerafften Infanterieabteilungen dreimal die an=
dringenden Franzosen zurückwies, so daß der weitere
Rückzug der hannoverschen Truppen glücklich vollführt
werden konnte. Durch diese Waffentat begründete er
seine weitere Karriere, indem General Wallmoden auf
ihn aufmerksam wurde. Er erhielt auch bald eine schrift=
liche Belobigung seines Kriegsherrn.

Seine besondere Begabung und Entschlußfähigkeit
trat dann im April 1794 während der Belagerung
von Menin und bei dem heldenmütigen Durchbruch
der Besatzung in der Nacht vom 29. zum 30. April
hervor.

Die interessante und in vieler Beziehung merkwürdige

Begebenheit ist neun Jahre später von Scharnhorst in einem kleinen Buche eingehend geschildert worden (S. 82).

General von Hammerstein, der Verteidiger von Menin, äußert in seinem Bericht: „Hauptmann Scharnhorst hat bei seinem ganzen Aufenthalt in Menin, nachher beim Bombardement und letztlich beim Durchbruch Fähigkeiten und Talente, verbunden mit einer unvergleichlichen Bravour, einen nie ermüdenden Eifer und eine bewundernswürdige Kontenance gezeigt, daß ich ihm allein den glücklichen Ausgang meines Planes mich durchzuschlagen verdanke" . . . „Ich erflehe für ihn auf das dringendste eine Gnade Sr. Majestät zu erwirken."

Scharnhorst erhielt vom Könige von England einen Ehrensäbel.

Clausewitz äußerte in seiner Charakteristik Scharnhorsts über die Affäre von Menin: „Es gehört diese Waffentat zu den schönsten im Revolutionskriege. Scharnhorst hat in derselben seinen Ruf als praktischer Offizier auf eine ausgezeichnete Art begründet", und an einer anderen Stelle: „Nichts galt ihm als Soldat höher wie die Tapferkeit im Kriege . . . Er stellte ein solches Hervortun höher als alles andere, denn es ist kein leichtes und ist das beste und nützlichste von allen Elementen des Krieges."

Die Schlacht bei Auerstädt
am 14. Oktober 1806.

Das Verbleiben von 70—80000 Mann Franzosen in Süddeutschland im Jahre 1806 führte zu dem von Napoleon nach dem Feldzuge 1805 nicht mehr gefürchteten Konflikt mit Preußen.

Durch Kabinettsbefehl vom 9. August wurde die Armee von neuem mobil gemacht, mit Ausnahme der Truppen an der Ostgrenze, welche die Mobilmachungsordre erst am 30. September erhielten (die Truppen in

Königsberg schon am 16.). Es blieben zurück: 21000 Mann in Ostpreußen, 10000 in Südpreußen, 4000 in den schlesischen Festungen.

Scharnhorst wurde dem die Truppen in den westlichen Gebietsteilen kommandierenden General von Rüchel zugeteilt und traf mit seinem neuen Chef am 17. August in Braunschweig zusammen. Auf seinen Vorschlag führte der General seine Truppen über Mühlhausen nach Thüringen und ließ auch das noch in Westfalen stehende Detachement Blücher dorthin folgen. Unterdessen versammelte sich der Rest der Feldarmee bei Naumburg und östlich. Zu dieser sollte Sachsen nach dem Bündnisvertrage von seiner Armee von 30000 Mann 20000 Mann mobile Truppen stoßen lassen. Die Mobilmachung dieser Truppen wurde erst Anfang Oktober beendet.

Schon nach vier Wochen erhielt Oberst Scharnhorst den Befehl, in das Hauptquartier des Kommandierenden der Hauptarmee, des Herzogs von Braunschweig, als Quartiermeister überzutreten. Er schrieb hierüber an seine Tochter: „Ich verlasse ungern die Rüchelsche Armee, weil ich bei dem General so außerordentlich angenehm diene und in unserem Hauptquartier Einigkeit und Zutrauen herrscht." General Rüchel äußerte: „Nun verliere ich auch Scharnhorst. Für mich ist es ein großer, unersetzlicher Verlust. Sein Blick und seine Gaben wiegen eine halbe Armee, und wir kennen und verstehen uns so gut. Mir wird er fehlen, wenn ich zur Aktion komme, sehr fehlen."

Scharnhorst traf am 22. September in Naumburg im Stabe des Herzogs ein, gnädig und auch vertrauensvoll empfangen. Es sollte nun für ihn die schwerste Zeit seiner militärischen Tätigkeit beginnen, reich an Verdruß, Enttäuschungen und Mißerfolgen. Das Unglück in Operationen und in der Schlacht, die traurigen und peinlichen Eindrücke während des Rückzuges brachten ihm so viel negative Erfahrungen, daß die Notwendigkeit und auch die Art der Reformen sich schon damals in seinen Anschauungen festlegte. Ungleich so vielen Altpreußen verzagte der Hannoveraner niemals, hielt vielmehr fest an seiner idealen Überzeugung von dem Wert des deutschen Volkes und von dem Beruf Preußens.

Der Herzog von Braunschweig, schon 72 Jahre alt, war seiner Aufgabe keineswegs gewachsen. Im 7jährigen Kriege sehr hervorragend, hatte er seit dem Mißgeschick von Valmy im Jahre 1792 das Vertrauen zu sich und auch zu der Armee verloren. Ursprünglich war er für eine Offensive bis ins Bayreuthsche gegen die noch nicht versammelten Franzosen gewesen, bis der Umfang der französischen Truppenaufstellung bekannt wurde.

In der mobilen Armee herrschte zunächst eine vertrauensvolle Offensivstimmung, und Scharnhorst teilte dieselbe. Er hielt es noch Ende September für möglich, mit der Armee über den Thüringer Wald bis an den oberen Main vorzugehen, trotzdem die Sachsen und das nach Halle dirigierte Reservekorps unter dem Prinzen von Württemberg (15000 Mann aus Westpreußen) nicht hätten mitmarschieren können.

Der Herzog hoffte auf die Ankunft des Königs, in der Erwartung dadurch seine Verantwortung entlastet zu sehen. Das Eintreffen des königlichen Hauptquartiers in Naumburg erfolgte am 23. September, und nun begann ein strategischer Hader zwischen den drei Hauptquartieren: des Königs, des Herzogs und des Fürsten Hohenlohe, bzw. den Quartiermeistern: General von Phull, Oberst von Scharnhorst und Oberst von Massenbach — über die Richtung der beabsichtigten Offensive sowie deren Einteilung, ob einheitlich oder in zwei bis drei Gruppen. Das Resultat war, daß man nicht rechtzeitig zu einem definitiven Entschluß gelangte und die noch günstige Zeit ungenutzt verstreichen ließ.

Man muß jetzt zugeben, daß Massenbachs Idee gegenüber den Defileen des Frankenwaldes und auf dem

Strategie vor Auerstädt und Jena.

rechten Ufer der oberen Saale, mit einer Avantgarde bei Hof, Stellung zu nehmen — richtiger war, als Scharnhorsts Idee über den Thüringer Wald vorzustoßen. Man wäre im letzteren Falle sehr bald auf überlegene Kräfte gestoßen und hätte in dem schwierigen Berggelände taktisch noch weniger Chancen gehabt als in den flach gewellten Terrains bei Jena und Auerstädt. In einer Bereitschaftsstellung nördlich Hof war man in der linken Flanke durch österreichisches Gebiet, in der rechten durch die tief eingeschnittene mittlerere Saale gedeckt und konnte von den anmarschierenden Verstärkungen, sowie von der Elblinie mit den befestigten Übergangspunkten Dresden, Torgau, Wittenberg nicht abgedrängt werden. Napoleon erwartete die verbündete Armee in der günstigen Defensivstellung hinter der Elbe zu finden.

Ein Rückzug hinter die Elbe, ja bis hinter die Oder würde für den Ausgang des Feldzuges noch nicht entscheidend gewesen sein, denn zwei Drittel des damaligen preußischen Staates lagen hinter der Oder; jenseits der Weichsel waren noch etwa 30000 Mann zurückgeblieben, und 80000 Russen standen marschbereit nahe der Grenze. Von letzteren hätten 50000 Mitte November an der Oder eintreffen können.

Vorübergehend wurde eine Offensive über den Thüringerwald tatsächlich angeordnet, die Truppen setzten sich in Bewegung und gelangten bis an den Fuß des Gebirges. Dann wurde wieder Halt gemacht und ein Kriegsrat nach Erfurt berufen, der am 5. und 6. Oktober stattfand. Auf Grund der Nachrichten, daß die französiche Armee sich weiter nach Osten verschöbe, wurde die Offensive über das Gebirge aufgegeben und beschlossen, die ganze Armee zwischen Gotha, Erfurt und Weimar zu konzentrieren. Am 8. und 9. Oktober wurde dem preußischen Hauptquartier der Rechtsabmarsch der französischen Massen (160000 Mann) weiter bestätigt, es war noch Zeit, den so notwendigen Parallelmarsch nach Osten auszuführen, wenn man nicht strategisch umfaßt werden sollte. Scharnhorst schlug vor, am 10. in eine Stellung zwischen Saale und Elster abzumarschieren. Der Herzog glaubte die Saaledefileen bei der Nähe des Feindes nicht mehr überschreiten zu können und wollte den Kampf lieber auf dem linken Saaleufer, wenn auch mit verwandter Front annehmen, Fürst Hohenlohe hielt aber fest an der Idee, daß der Linksabmarsch über die Saale notwendig sei. Der König wurde durch den ewigen Widerspruch Hohenlohes und Massenbachs gegen das sogenannte Oberkommando mißtrauisch, der Herzog immer zaghafter und unentschlossener, nicht nur dem Könige gegenüber, auch gegen die Faiseurs im Königlichen Hauptquartier wagte er keinen Widerspruch und entäußerte sich gern aller Selbstständigkeit.

Inzwischen war Hohenlohes nach Hof vorgeschobenes Detachement unter Tauentzien vor der Übermacht auf Schleiz zurückgegangen und hier geschlagen, die Avantgardedivision unter Prinz Louis Ferdinand am 10. bei Saalfeld in einem unnötigen Gefecht aufgerieben, der Prinz getötet worden. Unter dem niederdrückenden Eindruck dieser Nachricht, welche am 11. eintraf, geschah nun wieder nichts [13]); die Hauptmasse der Armee hätte den Marsch auf Halle zum Anschluß an das dort stehende Reservekorps noch ausführen können. Der Herzog hoffte aber auf einen Erfolg in dem ebenen Gelände bei Weimar, da hier die Kavallerie besonders gut mitwirken könne. Scharnhorst empfahl eine Offensive direkt über die Saale gegen die auf dem rechten Ufer nach Norden marschierenden französischen Kolonnen (Davoust, Bernadotte und Murat). Hierfür war es aber auch schon zu spät, denn die Franzosen besetzten am 12. Naumburg, d. h. die direkte Straße nach Leipzig. Der Herzog war schon seit einigen Tagen verstimmt gegen Scharnhorst, an dessen etwas pedantischen und methodischen Vortrag er sich nicht gewöhnen konnte, er teilte dem Quartiermeister nicht mit, was er mit dem Könige besprochen hatte. Dies Mißverhältnis war vielen Offizieren bekannt geworden und erregte große Sorge. Gegen Scharnhorsts Rat hatte der Herzog am 8. die Division des Herzogs von Weimar zur Rekognoszierung über den Thüringer Wald vorgeschickt, es ging dadurch ohne irgend welchen Nutzen der Hauptarmee ein Sechstel ihrer Stärke verloren. (Napoleon hatte diese Detachierung erfahren, nahm aber keinerlei Rücksicht auf dieselbe.)

In der Nacht zum 13. Oktober traf im Hauptquartier die Meldung ein, daß Naumburg verloren sei, man konnte also das andere Saaleufer nur mit Gefecht erreichen.

Das Verbleiben bei Weimar wurde nun aufgegeben und der Abmarsch in Richtung Merseburg—Halle angetreten, aber nur mit den 5 Divisionen der Hauptarmee, während Fürst Hohenlohe mit 4 Divisionen zur Deckung des Abmarsches noch westlich Jena stehen bleiben sollte. Hätte der Herzog seine Truppen sofort allarmiert und wäre am 13. früh losmarschiert, würde das unglückliche Stehenbleiben der 40000 Mann unter Hohenlohe nicht notwendig gewesen und das entgegenkommende Korps Davoust mit erdrückender Übermacht geschlagen worden sein, während die zahlreiche Kavallerie in dem ebenen Gelände die von Jena nachfolgenden Franzosen aufhalten konnte.

Die ohne Grund hintereinander auf nur einer Straße marschierenden 5 Divisionen der Hauptarmee kamen am 13. erst spät im Biwak bei Auerstädt an, und Fürst Hohenlohe ließ seine Avantgarde von den Höhen über Jena verdrängen, trotzdem hier alle Vorteile auf seiner Seite waren. Am 14. hätte man wenigstens frühzeitig und in mehreren Kolonnen gegen Kösen vorgehen müssen, um von der vorhandenen Überlegenheit Gebrauch machen zu können. Es kam jetzt darauf an, den bei Kösen eingetroffenen Feind zu schlagen und den Saaleübergang zu sperren. Diese Aufgabe war der an der Tete marschierenden Division Schmettow zugedacht, während die übrigen 4 Divisionen dahinter weg ins Unstruttal nach Freiburg marschieren sollten. Davoust kam aber mit 3 Divisionen entgegen, und aus der beabsichtigten Marschoperation wurde eine unglückliche, folgenschwere Schlacht.

Das Biwak bei Auerstädt war nur 2 Meilen von dem von französischen Vortruppen besetzten Defilee von Kösen entfernt, es lag daher nahe, noch in der Nacht, wenigstens sehr früh morgens die Höhen dicht westlich des Defilees zu besetzen, um das Debouchieren weiterer feindlicher Truppen zu verhindern oder doch zu erschweren. Die erst am Morgen des 14. zusammengezogene Kavallerie-Avantgarde unter Blücher, 12 Eskadrons[14]), gefolgt von der Division Schmettow, verließ das Biwak um 6 Uhr. Bei Poppel, $^1/_2$ Meile vom Biwak entfernt, stieß die Kavallerie auf einige entgegenkommende Trupps französischer Reiter und trieb sie über Hassenhausen zurück. Es herrschte dichter Nebel, dies mußte für den nach aller Wahrscheinlichkeit überlegenen Angreifer vorteilhaft sein. Der mit dem Könige zunächst an der Spitze der Division Schmettow vorreitende Herzog äußerte: „Es ist eine sehr bedenkliche Sache so vorzurücken, man weiß nicht, was man vor sich hat."

Scharnhorst ritt nun sogleich zur Erkundung vor, Hassenhausen war noch frei vom Feinde, Blücher hielt mit der Kavallerie nordwestlich des Dorfes, an der Chaussee rückte eine Linie französischer Infanterie vor, bei dem Dorfe mußte es also zum Kampfe kommen. Während Scharnhorst zum Herzoge zurücktritt, machte Blücher um 8 Uhr einen Angriff gegen die feindliche Infanterie, nachdem die begleitende reitende Batterie gefeuert hatte. Der Angriff scheiterte schon in den ersten Stadien, die Kavallerie jagte in Auflösung auf die eigene Infanterie zurück und kam an diesem Tage nicht mehr zur Wirkung.

Der Herzog hatte die Division Schmettow bei Tauchwitz nördlich, die nachrückende Division Wartensleben südlich der Chaussee in der üblichen Weise in zwei Treffen aufmarschieren lassen. Die Franzosen hatten Hassenhausen gegen 9 Uhr besetzt und formierten sich, zunächst nur eine Division, 8—10000 Mann stark, zu beiden Seiten des Dorfes, Tirailleursschwärme vor der Front und am Westrande eingenistet. Das Terrain ist hier flach gewellt, nach Osten ansteigend, die nach dem Dorfe heranführenden Wege sind stellenweise hohlwegartig eingeschnitten.

Gegen ½11 Uhr gab der König persönlich an die beiden Divisionen den Befehl zum Angriff, der mit Zuversicht und Jubel aufgenommen wurde. Der Nebel war gesunken, so daß Stärke und Aufstellung des Gegners gut übersehen werden konnten.

Der Herzog befand sich bei Beginn des Gefechtes mit Scharnhorst im Bereiche des Gewehrfeuers, d. h. zu weit vorn. Er sandte seinen Chef zu der auf dem linken Flügel vorrückenden Division Schmettow mit der Instruktion: „Ich mache Sie für Alles, was dort geschieht, verantwortlich." Statt für das richtige Einsetzen der nachfolgenden 3 Divisionen zu sorgen, dirigierte der Herzog den Angriff eines Grenadierbataillons und wurde hierbei tödlich verwundet.

Oberfeldherr und Chef waren offenbar an einer falschen Stelle eingesetzt, und dies hat wesentlich zum Verlust der Schlacht beigetragen. Die 3000 Schritt westlich Hassenhausen an der Chaussee gelegene Höhe bot eine gute und völlig ausreichende Übersicht. Noch bessere Übersicht gewährte die Ruinenhöhe bei Eckartsberga, auf welcher der König die beiden Reservedivisionen unter General Kalkreuth aufmarschieren ließ. Dieselbe lag aber eine Meile vom Gefechtsfelde entfernt, also viel zu weit. Im Hauptquartier des Königs hoffte man von hier, nach erfolgtem Zurückdrängen der Franzosen, nach Freiburg weitermarschieren zu können.

Scharnhorst fand sehr bald, nach der töblichen Verwundung des General Schmettow, gute taktische Verwendung in der Führung von dessen Division, die Brigadekommandeure ordneten sich ihm bereitwillig unter.

Der Angriff der Divisionen Schmettow und Wartensleben auf Hassenhausen und die zu beiden Seiten des Dorfes in Hecken, Hohlwegen und Ackerfurchen eingenisteten Franzosen erfolgte durchaus einheitlich nach dem taktischen Schema jener Zeit, d. h. in dem gewohnten Paradeangriff mit Bataillons- und Pelotonfeuer. Die Divisionen gewannen auch Terrain bis ans Dorf heran, mit den Flügeln noch weiter vor, aber allmählich erlangten die französischen Tirailleure, welche liegend feuerten, die Feuerüberlegenheit gegen die wie lebende Mauern anmarschierenden und stehend feuernden preußischen Bataillone. Die damalige Feuertaktik erlag der vernunftgemäßen Verwertung der Feuerwaffe durch die zu Einzelnkämpfern erzogenen Franzosen.

Die in der preußischen Gefechtsfront sehr bald entstandenen Lücken wurden durch die Bataillone der nachrückenden Division Oranien geschlossen. Eine Art Divisionskavallerie, eine Eskadron auf dem linken, vier auf dem rechten Flügel griffen tapfer und mit Erfolg ein, von neuem avancierte die ganze preußische Linie und drohte das hartnäckig verteidigte Dorf auf beiden Seiten zu umfassen. Scharnhorst, persönlich enthusiasmiert und in voller Zuversicht, rief den Bataillonen des linken Flügels stolze Siegesworte zu, aber der Gegenangriff der nunmehr eingetroffenen zweiten und dritten Division Davousts, welcher gegen die preußischen Flügel gerichtet wurde, machte alle opfermutige Tapferkeit vergeblich. Die zu früh und auch matt eingesetzte Kavalleriemasse fehlte nun sehr auf dem linken Flügel, denn sonst hätten die umfassenden französischen Tirailleure nicht über das ganz freie Gelände vorgehen können.

Scharnhorst urteilte später sehr hart über das Versagen der Hauptmasse der Kavallerie und nicht minder darüber, daß die beiden Divisionen der Reserve unter General Kalkreuth, 16000 Mann, auf den Höhen bei Eckartsberga als Zuschauer stehen blieben. Wären dieselben zur Verstärkung der beiden Flügel rechtzeitig eingesetzt worden, und hätte sich die Kavallerie ihres alten Ruhmes erinnert, so mußte man mit der vorhandenen Überlegenheit, 45000 Mann gegen 26000, siegen und zwar entscheidend, denn Davoust hatte ein schwieriges Defilee hinter sich. Mindestens hätte die Armee in der günstigen Stellung bei Eckartsberga stehen bleiben können, denn 16000 Mann Infanterie und ein großer Teil der Kavallerie waren noch nicht zur Waffentätigkeit gekommen.[15])

Die drei in der vorderen Linie fechtenden Infanteriedivisionen, in der Front durch das ungleiche Feuergefecht geschwächt, auf beiden Flügeln, namentlich auf dem linken umfaßt, wichen langsam zu beiden Seiten der Chaussee zurück. Bei dem Dorfe Poppel mußte Scharnhorst, welcher zu Beginn des Gefechtes verwundet worden war, den Rückzug erst frei machen, denn französische Tirailleure hatten sich schon in einigen Häusern eingenistet. Hier war es auch, wo er dem Prinzen Heinrich, dessen Pferd erschossen war, das seinige gab. Ein Gewehr in der Hand, verließ er erst mit den letzten Infanteristen das Dorf. Sehr erschöpft vom Blutverlust ließ er sich bei Eckartsberga die an der Hüfte steckende Kugel herausschneiden.

Der Feind ging im allgemeinen nicht über Poppel hinaus vor. Davoust konnte nach einem Verlust von 7000 Mann nicht wagen, die starke Aufnahmestellung bei Eckartsberga anzugreifen. Die aus dem Gefecht zurückkommenden Truppen hätten sich hinter derselben, durch 58 aufgefahrene Geschütze gedeckt, ungestört ralliieren können. Auflösung und Unordnung traten erst ein durch den nicht notwendigen nächtlichen Rückzug.[16])

Der König befahl den Rückmarsch auf Weimar, behufs Vereinigung mit den Korps Hohenlohe und Rüchel, dies entsprach nicht dem Grundgedanken der letzten beiden Tage, in Richtung Halle zu entkommen, zum Anschluß an die dort stehenden 15000 Mann des Reservekorps. Die beabsichtigte Vereinigung mit Hohenlohe und Rüchel konnte auch in dieser Richtung herbeigeführt werden.

Die Niederlage der Truppen Hohenlohes und Rüchels zwischen Jena und Weimar erfuhr der König erst während der Nacht in Wickerstädt und erteilte nun den Befehl, auf Sömmerda—Nordhausen abzubiegen. Auch die Truppen Hohenlohes erhielten die Richtung Sömmerda, hier und in Nordhausen wurde dadurch die Verwirrung noch erhöht.

Scharnhorst mußte sich nach seinem Eintreffen in Nordhausen neu verbinden lassen und stellte sich dann dem hier angekommenen Fürsten Hohenlohe zur Verfügung. Er erhielt sogleich den Befehl, für die in Nordhausen zusammenströmenden Truppen, 70—80000 Mann, die Disposition für den Rückzug über den Harz nach Magdeburg und bis über die Elbe niederzuschreiben. Der Rückmarsch wurde in vier Kolonnen disponiert: Bagage, Artillerie mit Kavalleriebedeckung, die noch formierten Truppen und die aufgelösten Truppenteile.

Mit dem 16. Oktober in Nordhausen beginnt eine ruhmvolle Tätigkeit des Obersten, indem er in dem allgemeinen Wirrwarr, angesichts der Mutlosigkeit der Führer und der schlechten Disziplin in vielen Truppen mit Ruhe und Besonnenheit das Erdenklichste leistete, um die Reste der Armee zu retten. Die unerschütterte Seelengröße inmitten Mutloser, die höchste Leistung im Kriege, wie sie hier Scharnhorst bewies, verdient volle Anerkennung und wurde für viele ein tröstendes Beispiel.

Er hatte sich die Führung der Artilleriekolonne (41 von den schwereren Geschützen) vorbehalten; dieselbe konnte den Harz nicht passieren und mußte am westlichen

Abhange vorbeigeführt werden. Die zur Bedeckung bestimmten Truppen waren bereits weiter marschiert, aber General Blücher erklärte sich auf Scharnhorsts Bitten bereit, mit den von ihm gesammelten Truppen bei der Artilleriekolonne zu bleiben. Im Braunschweigischen schloß sich an die Division des Herzogs von Weimar, welche vom Thüringer Wald zurückkehrend über Heiligenstadt marschiert war.

Am 24. Oktober gelangte die gesamte Artillerie bei Sandau glücklich über die Elbe und schloß sich den bei Magdeburg übergangenen Truppen des Fürsten Hohenlohe an. Scharnhorst blieb als Quartiermeister bei der Kolonne Blücher, d. h. der Arrieregarde, welche den Truppen des Fürsten auf einen Tagemarsch Entfernung folgen sollte. Bei dem Marsche über Ruppin und Lychen auf Prenzlau mußte die Arrieregarde wiederholte Angriffe der von Süden anrückenden Franzosen abweisen und gelangte am 28. Oktober noch bis Boitzenburg, während Hohenlohe an diesem Tage bei Prenzlau kapitulierte (mit 10000 Mann Infanterie, 1800 Mann Kavallerie und 60 Geschützen). Es handelte sich um eine Entfernung von wenig über drei Meilen, um welche Blücher mit seinen 11000 Mann zurückgeblieben war, doch hätte das am 28. mittags südwestlich Prenzlau eintreffende Korps Lannes eine Vereinigung unmöglich gemacht. Blücher war außerdem durch das Bernadottesche Korps in Flanke und Rücken bedroht. Am 29. früh auf dem Marsche nach Prenzlau erfuhr er die Kapitulation und entschloß sich schnell, über Strelitz ausbiegend, zurückzumarschieren und sich auf diesem Wege mit der noch weiter zurückgebliebenen Kolonne des General Winin ng (Division Weimar 10000 Mann) zu vereinigen. Von Strelitz marschierte er nördlich an den mecklenburgischen Seen entlang gegen die untere Elbe, um etwa bei Lauenburg auf das linke Ufer überzugehen. Es wurden Offiziere vorausgesandt, um den Übergang vorzubereiten. Blücher und Scharnhorst hofften die Elbe passieren und mit den 20000 Mann im Rücken der Franzosen eine wirksame Diversion ausführen zu können. Mindestens mußte dadurch die weitere Offensive der Franzosen über die Oder geschwächt werden. Der kühne Plan gelangte indes nicht zur Ausführung, da man fürchtete, von dem im Süden parallel marschierenden Korps Soult an der Elbe abgeschnitten zu werden. Tatsächlich gelangten aber fünf Eskadrons am 6. November über eine bei Lauenburg hergestellte Brücke, während Blücher in Richtung Gadebusch—Lübeck auswich. Wiederholte Aufforderungen des Feindes, zu kapitulieren, da ein Entrinnen nicht mehr möglich sei, wurden abgewiesen. In dem zwar neutralen aber als alte Wasserfestung noch verteidigungsfähigen Lübeck hoffte Blücher sich retablieren und dann über Travemünde zu Schiff oder ins Dänische retten zu können. Man hatte noch 100 Geschütze, die sehr erschöpften Truppen waren aber auf 12000 Mann zusammengeschmolzen, die Franzosen folgten mit etwa 70000 Mann. Blücher erreichte Lübeck am 5. November. Scharnhorst traf sogleich alle Anstalten, um den Platz ein paar Tage halten zu können, was auch durchaus möglich erschien, da außer der starken Umwallung nur drei breite Toreingänge zu verteidigen waren.

Das schlechte Verhalten der den einen Eingang verteidigenden Truppe beim Angriff der Franzosen am 6. November brachte die Katastrophe für das Blüchersche Korps und die unglückliche Stadt. Scharnhorst diktierte mittags den Befehl für den folgenden Tag, nachdem der Feind an zwei Toren abgewiesen worden war, als er durch schnell in den Straßen vordringende französische Tirailleure überrascht und gefangen genommen wurde, während Blücher sein Pferd erreichte und sich durchschlug. Am 7. kapitulierten dann 9000 Mann an der dänischen Grenze.

So endete Scharnhorsts kriegerische Tätigkeit im Jahre 1806. Blücher schrieb in seinem Rückzugsbericht an den König: „Vorzüglich finde ich mich verpflichtet, Eurer Majestät besonderen Gnade den vortrefflichen, in jeder Hinsicht vortrefflichen Obersten von Scharnhorst zu empfehlen, dessen fester Entschlossenheit und einsichtsvollem Rate ein großer Teil des glücklichen Ausganges meines mühsamen Rückzuges zugeschrieben werden muß, indem ich es gern bekenne, daß ohne die tätige Hilfe dieses Mannes es mir kaum zur Hälfte möglich gewesen wäre, das zu leisten, was das Korps wirklich geleistet hat." — Hinsichtlich seiner Kommandeure hingegen äußert Blücher: „Die Anzahl derer, welche einen gerechten Anspruch auf Euer Majestät Gnade haben, ist — es tut mir leid, es sagen zu müssen — nicht groß." (Lehmann).

Die Schlacht bei Preußisch-Eylau am 8. Februar 1807.

Scharnhorst begann seine Tätigkeit im Hauptquartier des General L'Estocq in der zweiten Hälfte des Januar, als General Bennigsen sich entschlossen hatte, mit seinem Heere von 66000 Mann von Arys über Heilsberg bis nach Mohrungen vorzugehen, um die Franzosen in ihren Winterquartieren hinter der Passarge zu überraschen. Als abgetrenntes rechtes Flügelkorps marschierte L'Estocq mit seinen 14000 Mann über die mittlere Passarge bis Freystadt, nur 5 Meilen von Graudenz entfernt, welche Festung er durch ein Detachement zu entsetzen vermochte. In der Hauptsache mißglückte die Offensive, indem die zunächst bedrohten französischen Truppen schnell zurückgingen und Napoleon mit der Hauptmasse gegen Bennigsens linke Flanke vorrückte. Es wurde ein schleuniger Rückzug notwendig; Ney versuchte die preußischen Truppen abzuschneiden, und es gelang ihm auch am 5. Februar die südliche Kolonne aufzureiben. Hierdurch sowie durch Desertionen von Soldaten polnischer Nationalität, endlich durch Abdrängen einer Kolonne in Richtung Königsberg, wurde das L'Estocqsche Korps für sein Eingreifen in der Schlacht bei Preußisch-Eylau auf 5600 Mann reduziert, einschließlich des zugeteilten russischen Infanterieregiments Wyborg.[17]

General Bennigsen hatte sich entschlossen, bei Preußisch-Eylau mit seinen 58000 Mann den Kampf anzunehmen gegen Napoleon, welcher erst mittags durch das Eintreffen des Korps Davoust von Süden her stärker wurde.[18] Die ersten Stunden der Schlacht verliefen für die Franzosen unglücklich, indem die Offensive des Korps Augereau gegen das durch Artillerie starke russische Zentrum fast zur Vernichtung des Korps führte, Napoleon opferte einen großen Teil seiner Kavallerie, um die drohende Verfolgung der Russen aufzuhalten. Gegen Mittag griffen Davoust und eine Division des rechten Flügels den russischen linken Flügel sehr erfolgreich an, derselbe wurde bis in die Höhe des Zentrums zurückgedrängt, das Dorf Kutschitten 3000 Schritt hinter der Mitte der Russen wurde von Davousts rechtem Flügel besetzt. Doch jetzt nahten die rettenden, wenn auch wenig zahlreichen Preußen unter Scharnhorsts genialer Leitung. Das schwache Korps machte sich mit großem Geschick von dem verfolgenden Ney los, 16000 Mann desselben ließen sich durch den General Plötz getäuscht in Richtung auf Königsberg abziehen, in Althof, eine kleine Meile nordwestlich Preußisch-Eylau, ließ Scharnhorst nur 6 Kompagnien zurück, mit dem Rest, in 3 Infanterie- und 2 Kavalleriekolonnen quer feldein vorgehend, griff er den rechten Flügel der Franzosen in Kutschitten an. Die hier stehenden 4 Bataillone wurden gegen 2 Uhr aus dem Dorfe verdrängt und jenseits durch die Kavallerie aufgerieben, ehe sie den Wald südöstlich Vorwerk Auklappen erreichen konnten. Die russischen Bataillone schlossen sich dem Vorgehen an, Davoust verlor auch den Wald und zog sich eine halbe Meile weit zurück. Bei Beginn der Dunkelheit war das Gefecht hier wiederhergestellt, auch die Gefahr durch die verfolgenden Truppen des Marschall Ney wurde dadurch beseitigt, daß sich die von Althof nachkommenden sechs Kompagnien in Schmoditten an der Chaussee nach Königsberg behaupteten, und daß das 1500 Schritt weiter südlich gelegene Dorf Schloditten um 10 Uhr von den Russen den eingedrungenen Bataillonen Neys wieder entrissen wurde.

Die sehr großen Verluste, welche Napoleons Truppen erlitten hatten, viel höher als die der Verbündeten, welche um 17500 Mann schwächer wurden — veranlaßten Scharnhorst in Bennigsens Hauptquartier dafür einzutreten, daß man nicht nur stehen bleiben, sondern noch in der Nacht die französischen Biwaks mit leichten Truppen und Artillerie angreifen solle. Bennigsen beschloß aber, um Mitternacht auf der freigemachten Straße nach Königsberg abzumarschieren, das preußische Korps sollte von 1 Uhr ab die Arrieregarde bilden. Scharnhorst hielt den Marsch nach Königsberg für gefährlich, da hierdurch die über Wehlau gehende Kommunikationslinie der Russen preisgegeben wurde, er ließ daher das Korps nicht nach Norden folgen, sondern nach Osten über Domnau hinter die Alle marschieren. Er traf diese Disposition, ohne den noch schlafenden General L'Estocq zu fragen. Zur Erklärung dieser im Stabe sehr kritisierten und auch bedenklichen Eigenmächtigkeit konnte Scharnhorst später anführen, daß der König ihm bei der Abreise von Memel gesagt hatte, General L'Estocq fühle schon die Schwächen des Alters, er solle denselben auf alle Art unterstützen. Dann hatte auch des Königs Adjutant Zastrow ihm am 2. Februar, 3 Wochen nach seiner Ernennung zum Stabschef, geschrieben: „Allerhöchstdenselben ist angezeigt worden, daß der General von übermäßigen Fatiguen sehr angegriffen und zuweilen distrait sein soll" und „Sie treten mithin als ein Assistent des kommandierenden Generals, keineswegs aber in der Kategorie eines Offiziers vom Generalstabe auf."¹⁹)

General L'Estocq war nahe 70 Jahre alt und durchaus nicht mehr so frisch wie Blücher in dem gleichen Alter, er hatte aber durch die Abweisung des Übergangsversuches des Marschall Lannes bei Thorn Ende November 1806 und die spätere Führung seines Korps, zu welchem vortreffliche Regimenter gehörten — ein gewisses Renommee in der Armee gewonnen. Am Tage von Eylau, nach den anstrengenden Wintermärschen, war er sehr fatiguiert und überließ die Leitung fast ausschließlich seinem unermüdlichen Chef.

Nach der Schlacht tadelte L'Estocq lebhaft, daß man dem Befehle Bennigsens, nach Königsberg zu folgen, nicht nachgekommen sei. Auch General Bennigsen war zuerst recht unzufrieden, erkannte aber dann in einem Tagesbefehle die Richtigkeit der Maßregel ausdrücklich als rettend an.

Der König verlieh Scharnhorst für die Schlacht den Orden pour le mérite.

Napoleon rechtfertigte durch sein Verhalten nach der Schlacht Scharnhorsts optimistische Anschauung am Abend des Kampfes, er blieb bei Preußisch-Eylau stehen, ließ nur schwach verfolgen und setzte auch nach Eintreffen des Korps Bernadotte am 11. Februar die Offensive nicht fort, kehrte vielmehr in die Winterquartiere bis an die Weichsel zurück, gedeckt durch starke Vorposten an der Passargelinie und an der oberen Alle.

Dieser Rückzug belebte die gegen Napoleon gerichteten Hoffnungen auch in anderen Staaten. Napoleon schlug dem Könige einen Separatfrieden vor. Nach Eintreffen Alexanders I. wurden unter Scharnhorsts Mitwirkung die Pläne für die Fortsetzung des Krieges entworfen und am 25. April in Bartenstein eine beide Teile bindende Konvention abgeschlossen.

Scharnhorst hatte sich in optimistischer Beurteilung der Volksstimmung für eine Landung in Hannover ausgesprochen, dort werde man Verstärkung finden durch frühere hannoversche, preußische und hessische Soldaten, wenn nur England Gewehre und Uniformen senden würde. Es kam aber nur zu einer wenig wirksamen Landung in Pommern. Blücher, welcher dies Unternehmen ausführen sollte, bat den König um Scharnhorst als Generalquartiermeister, „ohne denselben könne er nichts machen". General L'Estocq erklärte jedoch, Scharnhorst sei in seinem Korps als Chef des Generalstabes unentbehrlich (Klippel).

Bei den weiteren Operationen Bennigsens und namentlich in den Schlachten bei Heilsberg und Friedland Mitte Juni kam das Korps L'Estocq in seiner strategischen Abtrennung auf dem rechten Flügel nicht mehr zu einer hervorragenden Wirkung, gleichzeitig mit dem Kampfe bei Friedland wurde es durch große Überlegenheit auf Königsberg zurückgedrängt.

Noch zweimal traten zwischen Scharnhorst und seinem General ernste Differenzen ein. Am 7. Juni hatte Scharnhorst über diese Schwierigkeiten an den König berichtet und erhielt darauf unter dem 14. folgende Antwort: „Mein lieber Oberst von Scharnhorst! Euern Bericht vom 7. dieses habe Ich richtig erhalten. Ich danke Euch, daß Ihr Mich darin auf den körperlichen und Geisteszustand des Generalleutnants v. L'Estocq habt aufmerksam machen wollen, indem Ich darin keinen Zweifel setze, daß hierzu keine Nebenabsicht, sondern einzig und allein die Rücksicht auf das allgemeine Beste Euch veranlaßt hat. Ihr werdet indessen selbst einsehen, daß in diesem Augenblick so wie die Sachen stehen, keine Änderung in dem Generalkommando getroffen werden kann, und bin ich von Euern Kenntnissen und Euerm guten Willen überzeugt, daß Ihr so viel als möglich bemüht sein werdet, etwaigen Nachteilen, die aus nicht

richtigen Anordnungen folgen können, durch Rat und
Tat vorzubeugen" (Klippel).

Dies war kurz vor dem unglücklichen Abschluß der
Operationen.

In Lettow IV S. 128 wird bezweifelt, daß das
Verdienst Scharnhorsts in der Schlacht bei Preußisch-
Eylau so umfangreich gewesen ist, wie es der Biograph
Lehmann hinstellt. Lettow betont mit Recht, daß die
Tat des verantwortlichen und entscheidenden Befehls-
habers immer höher steht als der Rat des General-
stabschefs. General L'Estocq war aber nicht mehr eine
volle Kraft.

Der im Stabe vielfach angefeindete Generalstabschef
fand für seine Leistungen in dem unglücklichen Feldzuge
sehr bald einen schönen Lohn, indem der König ihn
in sein Hauptquartier berief und ihm dann eine Ver-
trauensstellung gab, welche — abgesehen von zwei durch
Intriguen herbeigeführten Zwischenfällen — bis zu
seinem Tode im Jahre 1813 zum Heile der Armee und
des Staates unerschüttert blieb.

Die Schlacht bei Groß-Görschen
am 2. Mai 1813.

Scharnhorst war am 10. März zum Generalleutnant
und Generalquartiermeister der Armee ernannt und hatte
damit den Rang hinter Blücher erhalten. Ebenso wie
dieser hinter den jüngeren General Wittgenstein, welcher
das Oberkommando über die russisch-preußische Armee
erhalten hatte, zurücktrat, ebenso beanspruchte Scharnhorst
nur die Stelle als Generalstabschef bei dem ihm be-
freundeten General Blücher. Sein Widersacher Knesebeck blieb in der einflußreichen Stelle beim Könige.

Während Blüchers Truppen am 16. März von
Schlesien in Richtung auf Dresden abmarschierten, blieb
Scharnhorst noch in Breslau beim Könige zurück, um

sein langjährig vorbereitetes Werk, die Organisation der
Landwehr, zu Ende zu führen. Die Landwehrmann=
schaften waren zum 15. April einberufen, am 30. sollten
sie fertig bekleidet und bewaffnet sein. Sie brachten
eine sehr notwendige Verstärkung für die 50000 Mann
Linientruppen; die Russen waren nur 50000 Mann
stark angekommen, und Napoleons Heer wurde auf
160000 Mann veranschlagt, 20 Divisionen zu 8000 Mann,
einschl. nur 5000 Mann Kavallerie.[20]) Es waren die
in französischen Händen verbliebenen Festungen Thorn,
Danzig, Stettin, Küstrin, Glogau, Spandau einzu=
schließen, die letzteren beiden sollten belagert werden.
Außer einigen russischen und aus Krümpern zusammen=
gestellten Reservebataillonen mußten hierzu Landwehr=
formationen verwendet werden. Preußen hatte sich in
dem am 28. Februar zu Kalisch von Scharnhorst mit
dem Kaiser Alexander abgeschlossenen Schutz= und Trutz=
bündnis verpflichtet, zu 150000 Russen 80000 Mann
zu stellen, ohne die Festungsbesatzungen. Diese Zahl
wurde in der Truppenaufstellung bis Ende April nicht
nur erreicht, sondern noch übertroffen, aber zum Gefecht
konnten Anfang Mai noch nicht 40000 Mann gestellt
werden.

Nachdem die organisatorischen Arbeiten genügend
eingeleitet waren, reiste Scharnhorst den Truppen nach
und traf am 30. März in Dresden, am 2. April in
Belzig beim General Wittgenstein ein. Dieser war
durch den Enthusiasmus im Volke, sogar auch in dem
mit Napoleon verbündeten Sachsen, so optimistisch ge=
stimmt, daß er mit seinen 38000 Mann, verstärkt durch
Blüchers 41000, eine sofortige Offensive über die Elbe
für möglich hielt. Scharnhorst hatte sich von den sehr
schwachen Effektivstärken der Russen überzeugen können
und riet noch zu warten, bis das am 15. April in
Dresden zu erwartende russische Korps Miloradowitsch
und auch noch mehr preußische Truppen herangekommen

seien. Er wußte, daß der Vizekönig von Italien mit 50000 Mann bei Magdeburg stand und daß die neuorganisierte französische Armee über den Thüringer Wald im Anmarsch war. Ein Echek müsse möglichst vermieden werden, damit der in Aussicht stehende Zutritt von Österreich nicht in Frage gestellt werde. Letzteres rüstete schon seit einiger Zeit, etwa am 20. Mai sollten 190000 Mann bereitstehen.

Das glückliche Gefecht des über die untere Elbe vorgegangenen Detachements Dörnberg am 2. April gegen die Division Morand bei Lüneburg, der Sieg bei Möckern am 5. April, den 20000 Preußen und Russen gegen 37000 von Magdeburg aus vorgegangene Franzosen errangen, belebte derartig die sanguinischen Hoffnungen, daß nun auch Scharnhorst eine frühere Offensive über die Elbe für möglich hielt. Nach Rücksprache mit dem General Wittgenstein in Leipzig am 19. April reiste er den beiden Monarchen entgegen, die am 24. in Dresden eintrafen. Sein Plan wurde unter dem Einfluß von Knesebeck nicht genehmigt, und man muß letzterem darin recht geben, daß die Verbündeten mit einer solchen voreiligen Offensive zu viel riskierten. Es wurde im großen Hauptquartier angeordnet, daß Wittgenstein und Blücher zwischen Leipzig und Altenburg zusammenrücken, Miloradowitsch nach Zwickau, das von Kalisch nachfolgende Korps, welches am 14. erst die Oder erreicht hatte, nach Chemnitz marschieren sollte. Es war jedenfalls richtig, die Verbindung nach Böhmen nicht aufzugeben.

Inzwischen dirigierte sich der Vizekönig von Italien von Magdeburg auf Merseburg, welches er am 29. besetzte, die Spitzen der Napoleonischen Armee drangen über Kösen auf Naumburg vor. Napoleon vermutete die verbündete Armee hinter Leipzig. Wenn Scharnhorsts Vorschlag angenommen worden wäre, so hätte Napoleon die Armee hier auch gefunden. Scharnhorst hoffte in den dortigen Ebenen die 16000 Mann starke, der französischen dreifach überlegene Kavallerie besonders gut verwerten zu können.

General Wittgenstein hielt Leipzig mit einem Detachement unter Kleist besetzt, zog Blücher nach Borna heran und ließ auf Weißenfels rekognoszieren. Nachdem klar geworden, daß die französische Armee über Naumburg auf Lützen vormarschiere, faßte Wittgenstein den kühnen Plan, bei Pegau die Elster zu passieren und die auf der großen Heerstraße auf Leipzig marschierenden feindlichen Kolonnen in der Flanke anzugreifen, trotzdem man nach den vorliegenden Nachrichten auf erhebliche Überlegenheit stoßen mußte. Es war bekannt, daß die Masse der unter Napoleon aus Frankreich anrückenden Infanterie aus jungen und kaum ausgebildeten Konskribierten bestand und daß nur wenig Kavallerie vorhanden war. Tatsächlich standen am 2. Mai 50000 preußische und russische Infanteristen gegen 90000 französische und eine 16000 Pferde starke Reiterei gegen 5000. Durch Heranziehung des russischen Korps Miloradowitsch, 12000 Mann mit 150 Geschützen, bessere Ausnutzung der Kavallerie und rechtzeitiges Einsetzen der Reserven hätte ein Erfolg errungen werden können, denn Neys entgegentretende Infanterie war wenig standhaft, und Napoleon wurde auf seinem Marsche über Lützen nach Leipzig durch die unerwartete Offensive völlig überrascht. Gneisenau äußerte nach der Schlacht: „Die Idee zur Schlacht war gut, die Anlage schlecht" und Scharnhorst: „Die Sache hätte den eklatantesten Sieg gegeben, hätte Wittgenstein anders operiert".

Scharnhorst war bei der in vieler Beziehung technisch mangelhaften Disposition zur Schlacht nicht beteiligt, er befand sich abends vorher nicht im Hauptquartier Wittgensteins. Die Disposition wurde erst $11^1/_2$ abends ausgegeben, am folgenden Morgen traten Kreuzungen der Kolonnen ein, sowie Aufenthalte dadurch, daß die

Monarchen die Truppen bei sich vorbeidefilieren ließen. Erst kurz nach 12 Uhr fiel der erste Kanonenschuß, Napoleon war längst avertiert und kam im langen Galopp von Lützen an, während Ney sein 30000 Mann starkes Korps in den vier großen, nur 500 bis 1000 Schritte von einander entfernt liegenden Dörfern Groß-Görschen, Klein-Görschen, Rahna und Kaja zur Abwehr bereit stellte. Blücher sollte das zunächst liegende Dorf Groß-Görschen mit seiner Infanterie angreifen, während die zahlreiche Kavallerie sich in der Ebene westlich entwickelte. Dieselbe ließ sich durch die zunächst schwache Besetzung der Dörfer Starsiedel und Kötzen aufhalten, statt bei dem 3000 Schritt westlich Rahna gelegenen Starsiedel vorbei in der Richtung auf die nur eine Meile entfernte Leipziger Chaussee vorzugehen und das Anrücken von Verstärkungen für Ney zu verhindern, wenigstens zu verzögern. Ney hätte die Dörfe allein nicht halten können, denn vor dem wütenden Ansturm der preußischen Infanterie, welche von Blücher und Scharnhorst in Person geleitet wurde — gingen die vorderen drei Dörfer schnell verloren, um 3 Uhr auch Kaja, das letzte Dorf. Die in Auflösung zurückgehende französische Infanterie konnte vernichtet werden, wenn die Kavallerie links daneben mit vorgegangen wäre. Das Gefecht schien gewonnen, der König und der Kronprinz kamen nach Kaja hineingeritten, um die Truppen zu beglückwünschen. Nun begann aber Napoleons Gegenoffensive mit mehreren Korps direkt auf die Dörfer und auf beiden Flügeln zur Umfassung, in der Frontbreite von über eine Meile, während die russischen Reserven noch weit rückwärts stehen blieben. Dem großen Schlachtenlenker waren die im Hauptquartier maßgebenden Persönlichkeiten wieder nicht gewachsen.

Gegen 5 Uhr erhielt Ney, welcher auf der flachen Höhe nördlich Kaja stehen geblieben war, bedeutende Verstärkungen, er ließ 60 Geschütze gegen die alliierte Kavallerie auffahren und die Dörfer Kaja und Rahna von neuem angreifen. Dieselben wurden bis 6 Uhr behauptet, als Napoleon 16 Bataillone junger Garde angreifen ließ. Die nun vorrückende verbündete Kavallerie wurde abgewiesen, und die beiden Dörfer gingen verloren, dann auch Klein=Görschen und gegen 7 Uhr das 2000 Schritt entfernt in der rechten Flanke gelegene Dorf Eisdorf. Groß=görschen wurde aber behauptet.

Gegen 7 Uhr erhielt Scharnhorst eine Gewehrkugel ins Dickbein unter dem Knie und mußte nach Pegau zurückreiten, unter der trüben Vorahnung, daß die Schlacht verloren sei. Er hatte sich aber über die Tapferkeit und auch Gewandtheit der von ihm reorganisierten Truppen freuen können. Nachts ½12 Uhr wurde die Kugel herausgeschnitten, die scheinbar ungefährliche Wunde sollte nach 8 Wochen seinen Tod herbeiführen.

Angesichts der starken Reserven, welche Napoleon noch zur Verfügung hatte, da ferner Leipzig verloren gegangen und der in der rechten Flanke liegende Rück=zugsweg bedroht war, stimmte das russische Hauptquartier Blüchers Vorschlag, am anderen Tage mit Hilfe des Miloradowitschschen Korps die Schlacht zu erneuern, nicht zu und verfügte den Rückzug auf Dresden. Scharn=horst hätte sich über die vortreffliche Haltung der preußischen Truppen auf dem Rückzuge freuen können, sie war sehr verschieden von derjenigen nach der Schlacht bei Auerstädt.

Als Scharnhorst erfuhr, daß Napoleon nach der Schlacht tatsächlich zurückgegangen war, schrieb er: „Der Feind hat sich nach der Schlacht zurückgezogen und es ist nur sehr verdrießlich, daß wir nicht stehen geblieben sind."

4. Kapitel.
Organisatorische und Generalstabs=Tätigkeit.

Scharnhorst gelangte bereits in jüngeren Jahren be=treffs der Heeresorganisation zu anderen Gesichts=

punkten als es den in der hannoverschen und preußischen Armee herrschenden Anschauungen entsprach. Der Keim zu den von ihm gewünschten und später mit Erfolg vertretenen Änderungen und Reformen liegt weit zurück und ist schon in den Ideen des Grafen Wilhelm von Bückeburg zu suchen. Dieser kriegserfahrene und hochgebildete Fürst hielt es für notwendig, im Verteidigungskriege die stehenden Truppen durch ein milizartiges Aufgebot zu unterstützen. In seinem kleinen Lande ließ er von allen jungen Leuten und Männern im Alter von 14 bis 50 Jahren Verzeichnisse anfertigen und auf dem laufenden erhalten. Er verpflichtete die in der Umgebung des Steinhuder Meeres wohnenden Bauern zur Unterstützung der Feste Wilhelmstein im Kriegsfalle.

In Hannover bestand seit längerer Zeit auf dem Papier die Organisation einer Landmiliz.[21]) Im Jahre 1766 wurden aus derselben, ebenfalls auf dem Papier, zehn sogenannte Landregimenter organisiert, und es wurde die Bestimmung erlassen, daß die Landsoldaten Sonntags gemeindeweise exerzieren, sowie jährlich auf 6 Tage in Kompagnien zusammengezogen werden sollten. Im Jahre 1793, bei dem Aufgebot gegen Frankreich, wurden von diesen etwas vorgebildeten Leuten eine Anzahl als Rekruten in die nicht genügend starken Feldregimenter eingestellt, unter lebhafter Opposition der Stände, da die Miliz nur zur Verteidigung des Landes bestimmt sei und außerhalb der Grenzen nicht verwendet werden solle. Es wurde auch geltend gemacht, daß die Miliz zum großen Teil aus dem angesessenen Bauernstande genommen sei und sozial höher stände als die in das stehende Heer eingestellten Proletarier und Vagabunden. Die Schwierigkeiten führten damals zu dem Vorschlage, ein Kantonsystem einzuführen, in welchem die permanente Truppe mit der Miliz verschmolzen werden sollte. Dieser Vorschlag wurde von Scharnhorst in zwei Schriften „Über den Friedensetat der hannoverschen Truppen" und „Über die Einrichtung der hannoverschen Truppen" lebhaft unterstützt. Nach seiner Ansicht müßten die Kompagnien in der Kriegsstärke von 220 Mann zu $1/6$ bis $1/7$ aus geworbenen Soldaten bestehen und der Rest von den Kantons gestellt werden, diese letzteren Leute hätten jährlich nur 4 Wochen zu üben. Die Kavallerie solle zur halben Kopf- und Pferdestärke permanent sein. Dies war für Scharnhorst eine Art Kompromiß zwischen der Notwendigkeit, im Kriege mehr Soldaten zu haben und den unzureichenden finanziellen Mitteln. An anderen Stellen seiner Schriften tritt er jedoch durchaus für die Notwendigkeit eines stehenden Heeres ein und warnt die Anhänger des Milizsystems das Beispiel der Franzosen mit ihrer levée en masse zu überschätzen, da le soldat citoyen erst mit der Zeit, durch mehrere Feldzüge und durch den Anschluß an starke permanente Kadres (130000 Mann unter Ludwig XVI.), brauchbar und tüchtig geworden sei. (Napoleon schaffte die von der Republik angeordnete Landesbewaffnung wieder ab und führte die Konskription ein, mittels deren die stehende Armee nach Bedarf zu ergänzen war.)

Im besonderen hielt Scharnhorst für die Infanterie „wegen der Art ihres Gefechtes" eine gute Disziplin als unbedingt erforderlich, er sagt: „Eine gute Infanterie kann man nicht so bald als Kavallerie dressieren, sie braucht mehr Disziplin." Scharnhorst hatte hierbei schon im Sinne, daß eine gute Infanterie aus zuverlässigen Einzelkämpfern bestehen solle, während bei der Kavallerie und Artillerie die Waffenwirkung keine individuelle sei.

Der Widerstand der hannoverschen Stände gegen die beabsichtigte Reform des Heerwesens im Sinne einer allgemeinen Wehrpflicht konnte nicht überwunden werden. Im Frühjahre 1800 wurde die Organisation der Landregimenter beseitigt und nichts Wesentliches an deren Stelle gesetzt. Es sollte nur eine gewisse Anzahl von Leuten in den Landbezirken verpflichtet werden, beim

Ausmarsch als Rekruten in die stehenden Truppen einzurücken. Erst im Frühjahr 1803 wurde eine diese Neuerung regelnde Verordnung erlassen, und kurz darauf okkupierten die Franzosen unter General Mortier das Kurfürstentum Hannover, ohne Widerstand zu finden. Die hannoverschen Truppen lösten sich teils auf, teils traten sie in englischen Dienst über.

Scharnhorst stand damals schon im preußischen Dienst, er war der Ansicht, daß man mit den 18000 Mann stehender Truppen und mit Hilfe der aufzubietenden Landmiliz den Franzosen hätte ausreichenden Widerstand leisten können, bis von England und Preußen Unterstützung kam.

Seine Kriegserfahrungen und vor allem seine aufmerksame Beobachtung der Fortschritte auf der französischen Seite veranlaßten noch weitere Vorschläge zur Reform des deutsch-preußischen Heerwesens in literarischer Form. Nach Clausewitz' treffender Äußerung stand damals „der Krieg selbst auf dem Katheder und gab täglich praktischen Unterricht, er hatte die Fesseln abgeworfen und die eingebildeten Unmöglichkeiten überschritten".

Scharnhorst hielt es für notwendig, die Artillerie, welche so sehr an Bedeutung gewonnen habe, zu vermehren, auf Kosten der Kavallerie, welche nicht mehr so entscheidend wirken könne wie im Siebenjährigen Kriege. Nach dem Vorbilde der Franzosen müsse namentlich die reitende Artillerie bedeutend vermehrt werden. Auch sei es unerläßlich, die soziale Stellung des Artillerieoffiziers zu heben, denn man fordere von diesem eine höhere Bildung als bei der Infanterie und Kavallerie. Im Belagerungskriege sei die Artillerie ohne Zweifel die wichtigste Waffe, und im Feldkriege vermöge sie, ungleich der Kavallerie, in allen Terrains zu fechten. Die Artillerie habe in ihrer Eigenart den Vorteil, daß man sie, „wenn die Offiziere gut sind, in die Hölle führen könne", sie sei kaum imstande zu versagen, wie es bei der Infanterie

Gemischte Divisionen.

und Kavallerie vorkäme. Er weist hierbei darauf hin, daß die beiden in der letzten Zeit „glücklichsten Feldherrn", Pichegru und Bonaparte, Artilleristen sind.

Bis zum Jahre 1792 war in allen Heeren die geschlossene Infanterieschlachtordnung mit Kavallerie auf den Flügeln allgemein gültig. Der französische General Dumouriez teilte zuerst seine Armee in Divisionen ein, welche aus allen Waffen zusammengesetzt waren und selbständig wie kleine Armeen auftreten konnten. Zwei Jahre darauf wurde diese als sehr zweckmäßig erkannte Neuerung in der ganzen französischen Armee eingeführt. Scharnhorst hatte bereits 1794, als er in den Stab des General von Hammerstein eingetreten war, mit Erfolg vorgeschlagen, das Korps der hannoverschen Truppen für die Fortsetzung des Feldzuges in 4 gemischte Brigaden einzuteilen. — Nach dem Kriege trat er literarisch immer von neuem für eine entsprechende Änderung in der Friedensorganisation ein, indes ohne Erfolg.

Im Jahre 1805, als er als Generalstabschef bei den mobilen preußischen Truppen in Hannover funktionierte, wurde auf seinen Vorschlag vorübergehend eine Einteilung in gemischte Divisionen vorgenommen, und 1806 führte der Herzog von Braunschweig im September bei der mobilen Armee die Neuerung durch — nunmehr zu spät, denn die Kommandeure konnten sich bis zum Beginn der Feindseligkeiten nicht mehr in die neuen Formen einleben. Die Hauptarmee wurde in 6, die Armee unter Fürst Hohenlohe in 4 Divisionen eingeteilt, jede Division bestehend aus 2 Brigaden Infanterie (zu 4—5 Bataillonen und 1 Batterie) und einer Brigade Kavallerie (10—15 Eskadrons mit einer reitenden Batterie). Eine besondere Kavalleriereserve war nicht vorgesehen, was sich später als nachteilig erweisen sollte. Scharnhorst hatte eine solche nach dem französischen Muster als notwendig bezeichnet, da sie doch noch entscheidende Wirkungen haben könne. — Es ist bekannt, daß Napoleon durch eine Artilleriemasse von 30 Geschützen unter General Senarmont bei Friedland am 14. Juni 1807 die Schlacht zu seinen Gunsten entschied. Schon mehrere Jahre früher hatte Scharnhorst in seiner Schrift „Über die Organisation der Artillerie" vorgeschlagen, die Formierung weiterer Batterien an Stelle der Regimentsgeschütze und im Gefecht die Zusammenziehung der Artilleriemasse gegenüber der entscheidenden Stelle. Er sagt: „Vier bis sechs Batterien, 32—40 Kanonen, vereint und nun mit ihnen dem Feinde auf den Hals gerückt, das ist die Art, einen Punkt zu forcieren".

Der Mangel eines genügend vorgebildeten Generalstabs bei den hannoverschen Truppen war in den Feldzügen 1793—95 wiederholt fühlbar geworden, die persönlichen Adjutanten der Generale konnten die Lücke nicht ausfüllen. Scharnhorst funktionierte zuerst beim General von Hammerstein, dann beim General von Wallmoden tatsächlich schon als Generalstabsoffizier im modernen Sinne. Er schlug nach dem Kriege für die hannoversche Armee vor, einen besonderen Generalstab zu schaffen, bestehend aus 8 Stabsoffizieren und Hauptleuten, 16 Leutnants und Fähnrichen, sowie 8 Guiden. Diese Gruppe von Offizieren solle für die Verwendung im Kriege bei den Stäben besonders ausgebildet werden, aber durchaus nicht in Abgeschlossenheit von der Truppe. Jeder Generalstabsoffizier müsse bei der Beförderung zur höheren Charge grundsätzlich in die Truppe zurücktreten, der Wechsel zwischen Generalstab und Truppe sei durchaus notwendig, denn es ist „unmöglich, im voraus sicher zu beurteilen, ob die Auserwählten den geforderten Dienst werden leisten können".

Nach richtiger Vorbereitung im Frieden muß der Generalstab, wie Scharnhorst schon damals aussprach — im Kriege die Kraft sein, welche die Heeresmaschine in Gang erhält, hierzu seien Offiziere erforderlich, welche neben anhaltender und immerwährender Meditation die stärksten Strapazen ertragen können. „In der Offensive ist der Platz der Generalstabsoffiziere an der Spitze der

Kolonnen, in der Defensive da, wo der Feind sich zeigt, sie sorgen dafür, daß bei unerwarteten Ereignissen das Ganze im Zusammenhange bleibt." Scharnhorsts Vorschläge hatten zunächst in Hannover keinen Erfolg, sie sollten aber später in Preußen grundlegend wirken bei Verbesserung der dortigen Generalstabsorganisation (s. Beilage XII u. XIII).

Angesichts der offenbaren Überlegenheit der französischen Infanterietaktik bemühte sich Scharnhorst in Hannover, ohne Erfolg, eine entsprechende Reglementsänderung herbeizuführen. Im Jahre 1795 schrieb er: „Es ist eine ausgemachte Wahrheit, daß die französischen Tirailleurs den größten Teil der Affären in diesem Kriege entschieden haben." Schon sein Lehrer und Gönner, Graf Wilhelm von Bückeburg, hatte es als notwendig bezeichnet, eine für das zerstreute Gefecht besonders ausgebildete leichte Infanterie zu schaffen, welcher der Schutz der Artillerie auf dem Marsche und im Gefecht übertragen werden könne. Scharnhorst hatte diese Idee literarisch dahin erweitert, daß jedes Bataillon etwa „100 Schützen" haben müsse. (Die Franzosen verwendeten zunächst nur den 9. Teil der Infanteriemannschaften als Tirailleure, von 1808 ab den 6. Teil der Leute.) In der Überzeugung, daß es nicht möglich und zweckmäßig sei, die Infanterie in ihrem jetzigen Bestande durchweg im zerstreuten Gefecht auszubilden, empfahl er nur das 3. Glied dazu zu verwenden. Auf diesen Vorschlag kam er dann in Preußen kurz nach seinem Übertritte zurück. Es blieben aber auch dort die Gegner der Neuerung Sieger, indem sie die nicht unberechtigte Anschauung vertraten, daß die vorhandene, zum großen Teil aus Geworbenen, Ausländern und zwangsweise Eingestellten bestehende Infanterie für eine derartig lockere, auf dem persönlichen Wert des einzelnen Soldaten basierende Fechtart ungeeignet und letztere bedenklich sei, da sie das Versagen des einzelnen und die Desertion erleichtere.

Bei den Nordamerikanern und bei den Franzosen seit 1792 hatte der einzelne Krieger persönlich einen viel höheren Wert als in den damals vorhandenen stehenden Heeren. Ohne eine moralische Hebung des gesamten Soldatenmaterials war es kaum möglich, die taktischen Vorteile der neuen Fechtweise zu verwerten, es konnte vielmehr die Waffenwirkung der Infanterie in Frage gestellt werden.

Das Scheitern der von Scharnhorst in den Jahren 1795—99 in Hannover vorgeschlagenen und unterstützten Reformen hat dazu beigetragen, seinen Übertritt in preußische Dienste herbeizuführen. Er hatte aber in den literarischen und Bureaukämpfen Gelegenheit gefunden, die so wichtigen Fragen gründlich zu studieren und am Widerspruch zu prüfen; das Ergebnis dieser Studien und Kämpfe sollte in der großen Heeresreorganisation des Jahres 1808 zur Rettung der Machtstellung Preußens verwertet werden.

Nach dem Übertritt in den preußischen Dienst, am 1. Mai 1801, konnte Scharnhorst seine Lieblingsideen: Einteilung der Armee in Divisionen aller Waffen mit einer Kavallerie- und einer Artilleriereserve, Vermehrung der Zahl der reitenden Batterien, Verwendung des 3. Gliedes der Infanterie zum Schützengefecht — auch für die preußische Armee in zwei eingehenden Denkschriften zur Kenntnis des Königs bringen und zwar im Sommer 1802. Der König sprach seine Anerkennung über die Arbeiten aus und verlieh dem Verfasser den erbetenen Adel (Herbst 1802); die Verwertung der Vorschläge scheiterte aber an dem Widerstande des militärisch damals maßgebenden Herzogs Ferdinand von Braunschweig.

Eine gewisse Wirkung, wenn auch noch keine durchgreifende, hatten Scharnhorsts Bemühungen, den Generalstab für die Tätigkeit im Felde besser vorzubereiten. Am 26. März 1804 wurde er zum Generalquartiermeisterleutnant ernannt und an die Spitze der sogenannten

3. Brigade im Generalstabe (westliches Kriegstheater) berufen. Es wurde ihm hierbei auf seine Bitte der Rücktritt in die Artillerie ausdrücklich zugesagt, „im Falle dereinstiger Unfähigkeit zum Dienst im Generalstabe".

Das westliche Kriegstheater war damals zweifellos das wichtigste, Scharnhorst kannte dasselbe durch Studium und Anschauung. Am 2. Dezember 1804 reichte er dem Minister des Auswärtigen von Hardenberg eine Denkschrift ein: „Über unsere jetzigen militärischen Verhältnisse mit Frankreich", in welcher er ein entschlossenes Vorsenden aller verfügbaren Streitkräfte an die Weser vorschlug, sobald die Franzosen ihre Truppen in Holland verstärken würden. Es müsse jedenfalls vermieden werden, an der Elbe oder gar östlich der Elbe die erste Schlacht zu schlagen, damit man die hessischen Truppen mitnehmen und den Franzosen die reichen materiellen Hilfsmittel des nordwestlichen Deutschlands entziehen könne. Die französische Armeeführung werde dann Schwierigkeit haben, ihre wahrscheinlich 200000 Mann starken Truppen in der Offensive zu erhalten, ohne zeitraubende Anlage und Vorschiebung von Magazinen.

In den Jahren 1804 und 1805 bereiste Scharnhorst mit den Offizieren seiner Brigade das westliche Kriegstheater und ließ an den wichtigeren Stellen Detailrekognoszierungen vornehmen. Seine Reise wurde Ende August 1805 in Westfalen unterbrochen, indem er durch einen per Staffette nachgesandten Befehl nach Berlin zurückberufen wurde. Preußen hatte sich entschlossen, aus der übermäßig lange festgehaltenen Neutralität herauszutreten und 80000 Mann mobil zu machen, letzteres allerdings weniger gegen Frankreich, als um den russischen Truppen den beabsichtigten Durchmarsch nach Österreich zu verlegen. Auf eine folgende russische Drohung wurde dann am 19. September die Mobilmachung der ganzen Armee befohlen und die Truppenzahl an den Ostgrenzen bedeutend verstärkt. Es wurde ferner unter General von

Kalkreuth ein besonderes Korps in Vorpommern gegen Stralsund aufgestellt, da Schweden der Koalition Österreichs, Rußlands und Englands gegen Frankreich beigetreten war. Als Generalstabschef (Quartiermeister) bei diesem Korps tat Scharnhorst zum erstenmal im preußischen Heere praktischen Generalstabsdienst.

Infolge der rücksichtslosen Verletzung des Ansbachschen Gebietes durch die Franzosen auf ihrem Zuge nach Ulm ließ der König einen großen Teil der preußischen Armee, einschließlich des Korps Kalkreuth, unter dem Herzoge von Braunschweig nach Hannover und Westfalen rücken. Die Armee zählte im mobilen Stande 130000 Mann, ohne die Truppen östlich der Weichsel und in Schlesien. (Die gesamte preußische Armee sollte nach dem Mobilmachungsplan in 4—6 Wochen eine Stärke von 200000 Mann erreichen. Hierzu hätten einschließlich 20000 Sachsen und 15000 Hessen noch 60000 Mann norddeutscher Truppen stoßen können.) — Die schwache französische Besatzung von Hannover zog sich in die Festung Hameln zurück.

Scharnhorst trat zum Stabe des Herzogs über und sollte hier bald einen größeren Wirkungskreis finden. Am 26. Oktober zog er mit den preußischen Truppen in Hannover, der Hauptstadt seines Heimatlandes ein, unter dem Jubel der Bevölkerung.

Mit der Besetzung des Kurfürstentums Hannover hatte sich die strategische Lage Preußens gegenüber den in Süddeutschland und Deutsch-Österreich eingebrochenen Franzosen wieder verbessert. Scharnhorst war trotz der Kapitulation einer österreichischen Armee in Ulm (am 17. Oktober 1805) für eine Offensive gegen die Verbindungen der schon in Österreich stehenden französischen Armee. Die Unentschlossenheit des Königs und die unglückliche, übermäßig langsame Reise des Ministers Grafen Haugwitz in das französische Hauptquartier im November ließ die günstigste Zeit verrinnen, für die nach

Rückschlag nach Austerlitz.

Lage der Verhältnisse sehr aussichtsvolle Offensivaktion. Scharnhorst hatte am 12. November prophetisch geschrieben: „Wenn wir nicht den Österreichern in kurzer Zeit Luft machen, so dient aller unser Marschrumor zu nichts, so kann er uns teuer zu stehen kommen." Er war in Beachtung seiner Vorschläge nach Berlin berufen worden zu einer am 21. und 22. November mit österreichischen militärischen Abgesandten stattfindenden Konferenz. Mit dem sehnlichst erwarteten Befehl zum Vormarsch auf Bamberg=Bayreuth traf er dann am 28. November in Hildesheim beim Oberkommandierenden ein. Alles war in freudiger, hoffnungsvoller Stimmung. Anfangs Dezember waren die Truppen auf dem Marsche, als kurz nach dem Bekanntwerden des französischen Sieges bei Austerlitz der Befehl zum allgemeinen Halt aus Berlin eintraf. In Übereinstimmung mit dem Prinzen Louis Ferdinand, den Generalen Blücher und Rüchel war Scharnhorst auch jetzt noch für den Krieg, da man sich in so günstiger strategischer Lage befand. Er teilte dann auch die allgemeine Erbitterung in der Armee, als die Befehle zum Rückmarsch eintrafen.

Im Kriege 1806 funktionierte Scharnhorst als Generalstabschef bei der Hauptarmee unter dem Herzoge von Braunschweig, während des Rückzuges beim General Blücher, im Feldzuge 1807 beim Korps L'Estocq, zu Beginn des Feldzuges 1813 beim Korps Blücher. (S. hierüber 3. Kapitel.)

Das Hauptlebenswerk Scharnhorsts war die kurze Zeit nach dem Frieden von Tilsit (am 9. Juli 1807) begonnene Reorganisation der preußischen Armee, mittels deren bis zum Frühjahre 1813 eine tüchtige Linienarmee von 70000 Mann und ein zahlreicher Rückhalt in Reserve= und Landwehrbataillonen, im ganzen ein Machtaufgebot von 270000 Mann geschaffen wurde. Hiermit hat er in unermüdlicher und geschickter Arbeit die Wiedergeburt Preußens und die für eine junge Armee glänzenden militärischen Erfolge der Jahre 1813—15 vorbereitet; aber mit Kummer sank er Ende Juni 1813 ins Grab, da er wohl viel Begeisterung und Tapferkeit, jedoch noch nicht einen Sieg miterlebt hatte.

Schwer wurde die Arbeit durch manche Widersacher, welche mit altpreußischem Vorurteil den Ausländer, liberalen Emporkömmling, Schriftsteller und gelehrten Offizier einer so hohen und wichtigen Aufgabe nicht gewachsen, ja in seinen radikal erscheinenden Ideen für staatsgefährlich hielten. [22]) Zweimal war seine Stellung bedroht, aber der gesunde Sinn des Königs hielt an ihm fest, wenn derselbe es auch für notwendig erachtete, das optimistische Drängen des Generals wiederholt einzudämmen.

Friedrich Wilhelms III. Verhalten in der schweren Zeit 1808—13 ist in der Geschichte viel kritisiert, es ist ihm Zaudern und Unentschlossenheit vorgeworfen worden. Der König konnte aber nach den bösen Erfahrungen des Jahres 1806 unmöglich so schnell wieder Vertrauen fassen zu der in überraschend kurzer Zeit niedergeworfenen und aufgelösten Armee, sowie zur Opferfreudigkeit einer Bevölkerung, deren Patriotismus außer in Kolberg und in einigen Distrikten Schlesiens ganz versagt hatte.

Der König setzte außerdem und mit Recht Mißtrauen in die russische Politik, da sich Kaiser Alexander I. im Frieden von Tilsit von Napoleon ein großes Stück von dem Gebiet des Bundesgenossen schenken ließ und da bekannt wurde, daß Alexander die gesamten polnischen Landesteile Preußens einschließlich Posen und Thorn zu erwerben trachtete. (Bemühungen des Ministers des Auswärtigen, Fürsten Czartoryski, im Jahre 1802.)

Die begeisterten Anhänger des deutsch=nationalen Gedankens vermochten den König nicht davon zu überzeugen, daß das außerpreußische Deutschland genügend opferbereit sein werde gegen den korsischen Eroberer, in dessen Heeren schon weit über 100000 Deutsche zugrunde gegangen waren, und für dessen erschüttertes Prestige im Jahre 1813 von neuem 80000 Deutsche in den Kampf zogen. Viele deutsche Truppenteile waren stolz auf ihre Teilnahme an den glänzenden französischen Siegen, und manche deutsche Fürsten waren dankbar für die ihnen gewährten Rangerhöhungen.

Friedrich Wilhelm III. hatte persönlich eine hohe Meinung von Napoleons Leistungsfähigkeit, namentlich nach dem Feldzuge 1809. Am 14. Mai 1811 schrieb der König: Au besoin l'empereur Napoléon ne serait pas embarassé de faire une bonne guerre à la Russie tout en continuant celle d'Espagne.

Ein zu früh begonnener Krieg gegen die übermächtigen Franzosen, wie ihn die Patrioten in den Jahren 1809, 1811 und 1812 wünschten, hätte zur Beseitigung der preußischen Monarchie geführt, ähnlich wie es in Spanien, Holland, Italien, Hannover, Hessen und Braunschweig geschehen war. Ein hartnäckiger und langwieriger Volkskrieg war in Tirol und in dem gebirgigen Spanien möglich, nicht aber in den Ebenen Norddeutschlands, dessen Festungen in den Händen des Feindes geblieben waren. Endlich muß noch hervorgehoben werden, daß in dem damaligen Preußen, in Zivil- und Militärkreisen, die Ansicht vorherrschend war, es sei besser, sich an das übermächtige Frankreich anzuschließen, als auf die entfernte und unsichere russische Hilfe zu vertrauen. Die Intransigenten waren bis zum Winter 1812 wenig zahlreich, sie bestanden mehr aus nicht verantwortlichen Dichtern und Gelehrten, als aus Militärs und Staatsmännern. Unter solchen Umständen war nicht zu verwundern, daß der König nur die neuorganisierten Linienbataillone als reale Machtfaktoren ansah, und von diesen hatte er eine nur geringe Zahl.

Friedrich Wilhelm III. war schon bald nach den Katastrophen des Jahres 1806 von der Notwendigkeit einer Läuterung und Neugestaltung des Heeres überzeugt;

nach dem Frieden hoffte er dies mit Hilfe Scharnhorsts leisten zu können, dessen reiches Wissen und praktische Erfahrung er anerkannte, dessen edlen Charakter er schätzte, dessen ungewöhnliche Einfachheit und ruhige Bescheidenheit ihm sympathisch war. Der König war selbst eine schlichte, gründliche Persönlichkeit, er haßte Phrasenmacher, Schmeichler und oberflächliche Leute. Dieses gefährliche Genre hatte er am Hofe seines Vaters reichlich kennen gelernt. Es ist erklärlich, daß der „Gelehrte in Uniform" mit seiner gründlichen, wenn auch etwas pedantischen Vortragsweise sich trotz aller Widersacher im Vertrauen des Königs erhalten konnte.[23]

Am 27. Juli, noch nicht drei Wochen nach dem Tilsiter Frieden, setzte der König eine Militärreorganisationskommission ein und ernannte Scharnhorst zum Präsidenten, zehn Tage nach seiner Beförderung zum Generalmajor. Zu Mitgliedern der Kommission wurden ernannt: Generalmajor von **Massenbach**, die Oberstleutnants **Graf Lottum**, von **Bronikowski**, von **Gneisenau**, Major von **Grolman** (dieser zuerst als Protokollführer, dann auch als Mitglied). Später traten noch hinzu die Oberstleutnants Graf Götzen und von Borstell sowie Major von Boyen, während Bronikowski und Borstell wieder ausschieden. Die Hauptmitarbeiter Scharnhorsts wurden Gneisenau und Grolman, später auch Boyen und Graf Götzen.[24]

Der König übermittelte der Kommission ein eigenhändig geschriebenes Programm in 19 Punkten (Beilage XI) als Basis für die Beratungen und zwar in solcher Form, daß hiermit dem Votum nicht vorgegriffen war. Unter den als notwendig bezeichneten Reformen waren die wichtigsten: Purifizierung des Offizierkorps und Bestrafung der Schuldigen, prinzipielle Zulassung nichtadeliger Offiziere, Beseitigung der geworbenen Ausländer, neue Ersatzbezirkseinteilung, Abschaffung der entehrenden militärischen Strafen und entsprechende Abänderung der Kriegsartikel, Neuformierung der Regimenter mit Ausnahme der in Ostpreußen unaufgelöst geblieben, welche nunmehr dem Range nach die ältesten Truppenteile werden sollten.

Die Kommission erstattete nach einem Monat ihren ersten Bericht in Beantwortung der ersten beiden Punkte und mit dem Vorschlage, zur Untersuchung der Kapitulationen eine Immediatkommission einzusetzen. Diese trat am 27. November 1807 in Königsberg in Tätigkeit unter dem Vorsitz der Prinzen Heinrich und Wilhelm, Brüder des Königs.

Bis zum Beginn des Winters gingen der zweite und der letzte Bericht der Reorganisationskommission beim Könige ein, welcher die vorgetragenen Erörterungen und Vorschläge mit eigenhändigen Bemerkungen versah. Im ganzen genommen, wurde das Programm der 19 Punkte grundlegend für die Reformierungsarbeiten, welche Scharnhorst schon im Winter mit seinen Gehilfen begann.

Unmittelbar nach dem Frieden hatte er ein Memoire über die Landesverteidigung unter den veränderten Verhältnissen ausgearbeitet. Bei einer Einwohnerzahl von nunmehr nur 5 Millionen und der sehr schlechten Finanzlage hielt er Ausnahmemaßregeln für notwendig, um schnell eine Feldarmee von 55000 Mann aufstellen zu können, er schlug vor, per Kompagnie einen Offizier über den Etat zu belassen und in jedem Jahre 20 neue Rekruten einzustellen, die Kleidung sowie Bewaffnung der hierfür zu entlassenden Leute als Reservearmatur bereit zu legen.

Zur Verstärkung der schwachen Feldarmee schlug Scharnhorst ferner vor, schon im Frieden eine Landmiliz oder eine Reservearmee zu organisieren. Der König stimmte aber dem letzteren Vorschlage nicht zu, auch der Minister von Stein war dagegen, indem er besorgte, daß eine solche außerordentliche Maßregel Frankreichs Mißtrauen erregen und den Abzug der französischen Okkupationstruppen verzögern würde. Ein gleiches Schicksal hatte der bald darauf von der Kommission vorgelegte

„Entwurf einer Verfassung der Provinzialtruppen", in welchem bereits das Prinzip der allgemeinen Wehrpflicht zum Ausdruck gebracht wurde.²⁵)

Ein Mißtrauen Frankreichs machte sich bald fühlbar in Steigerung der finanziellen Anforderungen und Verzögerung in der Räumung des Landes. Auch die persönliche Intervention des Prinzen Wilhelm in Paris half nichts, man mußte sich sogar in einem geheimen „Konventionsartikel" verpflichten, innerhalb der nächsten 10 Jahre außer der Garde und einem Artillerie- und Pionierkorps von je 6000 Mann nur 10 Infanterie- und 8 Kavallerieregimenter, in der Gesamtstärke von nicht mehr als 42000 Mann zu halten, sowie keine außerordentliche Miliz oder Bürgergarde aufzustellen. Als diese demütigende Bestimmung in Preußen bekannt wurde, überreichten sieben hervorragende Patrioten (Scharnhorst, Gneisenau, Grolman, Nikolovius, Feldpropst Röckner, Schön, Süvern) dem Minister von Stein eine Denkschrift, in der sie ihn dringend baten, dem Könige die Ratifizierung abzuraten, da der Vertrag im geheimen doch gebrochen werden müsse, wenn man nicht auf die Hoffnung eines Widerstandes in Verbindung mit einer anderen Macht verzichten wolle. Die Ratifizierung des Vertrages war aber am 28. September bereits erfolgt. Sechs Wochen darauf mußte Stein infolge einer sehr dringenden Pression Frankreichs um seine Entlassung bitten.

Die Septemberkonvention störte Scharnhorsts Arbeiten zur Herstellung einer achtunggebietenden Armee ganz außerordentlich, weniger die festgesetzte Maximalkopfzahl, als die Beschränkung der Kadres. Es war beabsichtigt gewesen, 32 Infanterie- und 32 Kavallerieregimenter im schwachen Friedensstande aufzustellen und die Auffüllung derselben mit einer großen Zahl auszubildender, dann wieder zu entlassender Mannschaften im Kriegsfalle vorzubereiten. Die von Scharnhorst schon früher empfohlene Krümpereinrichtung wurde nun zur Notwendigkeit,

Gemischte Brigaden in den Provinzen.

jede Kompagnie zog monatlich 5 Rekruten ein und beurlaubte ebenso viele ausgebildete Mannschaften in den Kanton des Truppenteils, wo dieselben unter Kontrolle blieben.[26] Vom Jahre 1811 ab wurde die Zahl dieser Mannschaften auf 8 per Kompagnie und Monat gesteigert.

Auch jetzt versagte der König die von Scharnhorst unter den veränderten Verhältnissen von neuem beantragte Zustimmung zur geheimen Organisation einer Art Landwehr, nachdem Hardenberg bemerkt hatte, eine solche Volksbewaffnung könne eine Revolution möglich machen und den Thron gefährden.

Der frühere Plan, 3 Armeekorps zu 2 Divisionen erhalten zu können, mußte aufgegeben werden. Statt der 6 Divisionen wurden in den 6 Provinzen: Ostpreußen, Westpreußen, Pommern, Brandenburg, Niederschlesien, Oberschlesien je eine gemischte Brigade organisiert und nach der Provinz benannt. Die durchschnittliche Stärke der Brigade war: 7 Bataillone, 12 Eskadrons, 16 Geschütze (je eine 6pfündige Fuß- und 1 reitende Batterie); bei zwei Brigaden war noch eine Reserveartillerie eingeteilt, bestehend aus je einer 12pfündigen, einer 6pfündigen und einer reitenden Batterie.

Die Arbeiten der Reorganisationskommission brachten für die Armee folgende wesentlichen Verbesserungen: Läuterung des Offizierkorps durch die Immediatkommission, deren Arbeiten bis zum Jahre 1812 dauerten und welche 7 Todesurteile beantragte. Von 143 Generalen des Jahres 1806 haben im Jahre 1813 nur noch 2, Blücher und Tauentzien, ein Kommando gehabt.

Am 6. August 1808 wurde festgesetzt: „Einen Anspruch auf Offizierstellen können im Frieden nur Kenntnisse und Bildung gewähren, im Kriege ausgezeichnete Tapferkeit, Tätigkeit und Überblick."[27]

Neue Anordnungen für die Rekrutierung des Heeres, unter Beseitigung der Werbung von Ausländern, Krümpereinrichtung, Verminderung der Befreiungen.

Erhöhung des Offizieretats im Hinblick auf die Mobilmachung, Abschaffung der entehrenden Militärstrafen, Einführung einer zweiten Klasse des Soldatenstandes. Entsprechende Fassung der am 26. Mai 1808 eingeführten neuen Kriegsartikel.

Verbesserung und Vereinfachung der Bekleidung. Einführung des Mantels, welcher bei der Infanterie bisher fehlte. (Bei den Zelten wurden früher wollene Decken mitgeführt.)

Neue Regelung der Kompagniewirtschaft, unter Wegfall jeglicher Privatwirtschaft durch den Kompagniechef. Neue Übungsbestimmungen für Ausbildung und Manöver, Erweiterung des Scheibenschießens.

Abschaffung der Regimentsartillerie.

Neben der Durchführung dieser Reformen waren trotz der sehr beschränkten finanziellen Mittel die verbliebenen Festungen herzustellen, die Geschützgießereien und Gewehrfabriken zu stärkerer Leistung zu entwickeln. Die Gießereien in Berlin und Breslau waren von den Franzosen zerstört worden. Im Juli 1807 waren überhaupt nur noch 10000 Gewehre vorhanden; die Produktion wurde auf 1300 Gewehre per Monat gesteigert.

Die Bestimmungen über die in mehr kriegsgemäßer Weise abzuhaltenden Übungen, sowie das neue Infanterie-Exerzier-Reglement (erschien 1812) schrieb Scharnhorst persönlich. Der Gebrauch des 3. Gliedes für das zerstreute Gefecht war schon im Jahre 1809 vorgeschrieben worden.

Als Chef des Militärbildungswesens gründete er für die Ausbildung der Fähnriche drei Kriegsschulen in Berlin, Breslau und Königsberg und ließ am 15. Oktober 1810 die frühere Militärakademie als „Kriegsschule für Offiziere" in Berlin, Burgstraße, wieder aufleben.

Nach dem Tode des im Jahre 1807 zum Chef des Generalstabes ernannten General Laurens fiel Scharnhorst auch noch diese Stelle zu, welche er im Sinne seiner

Diplomatische Tätigkeit — 1812.

schon früher mitgeteilten Grundsätze zur Ausbildung der Offiziere für den Generalstabsdienst im Felde verwertete (Beilage XII).

Neben diesen umfangreichen militärischen Geschäften hatte er noch mit der auswärtigen Politik zu tun, da sowohl Stein, wie Hardenberg ihn gern um seine Meinung fragten. Im September 1811 reiste er in geheimer Mission, in einer Art Verkleidung, zum Kaiser Alexander nach Zarskoje Selo, darauf Ende November nach Wien. Während der erstere Besuch zu einer förmlichen Allianz-Konvention führte, die am 17. Oktober abgeschlossen wurde — scheiterte der Versuch zu einer Verständigung mit Österreich, da der Rußland feindlich gesinnte Minister Metternich sich nicht binden wollte und wohl auch Preußen nicht für genügend stark hielt. Scharnhorst hatte die Stärke der zur Aktion bereiten preußischen Armee auf 80000 Mann angegeben. Metternich mochte sich auch der egoistischen Politik Preußens seit dem Baseler Frieden, am 5. April 1795, erinnern. Heute muß man zugeben, daß trotz aller Anstrengungen Scharnhorsts die Armee im Jahre 1812 nicht imstande gewesen wäre, sich im eigenen Lande zu behaupten, bis russische und österreichische Hilfe eintreffen konnte, so daß also der Weiterbestand der Monarchie in Frage gestellt war.

Die Reorganisation der preußischen Armee war beendet, als die Katastrophe von 1812 über die französischen Truppen hereinbrach und für Preußen eine sehr günstige Situation schuf, welche allerdings nur zögernd ausgenutzt wurde. Anfang Januar 1813 befanden sich noch 40000 Franzosen in Danzig, Thorn, bei Posen, in Spandau und Berlin. Am 12. Januar befahl der König auf Scharnhorsts Drängen eine erhebliche Vermehrung der aktiven Armee und reiste am 22. von Potsdam nach Breslau ab, die Garden folgten ihm dorthin. Am 28. erhielten Hardenberg, Scharnhorst und Hake den Auftrag, die Streitkräfte so schnell als möglich zu vermehren. Es folgte am 12. Februar der Mobilmachungsbefehl für die Armee.

Unter der Pression der Ereignisse erreichte Scharnhorst die Annahme der beiden Ergänzungen seines Reorganisationswerkes, welche er in den Jahren 1808 und 1809 vergeblich vorgeschlagen hatte: die Formierung von Jägerdetachements aus „Freiwilligen", welche der König am 3. Februar genehmigte, sowie die am 17. März befohlene Organisation der Landwehr, welcher am 21. April der Landsturmerlaß folgte.[28]

Zur Unterstützung der Forderung an die Leistungen des Volkes waren durch Gesetz vom 9. Februar die bisherigen Exemtionen aufgehoben worden, dem idealen Standpunkte der Forderung wurde durch den „Aufruf an mein Volk" (geschrieben von Scharnhorsts Mitarbeiter, dem Staatsrat Hippel) am 17. März Ausdruck gegeben. Der „große Waffenschmied der deutschen Freiheit" konnte nun unter dem Jubel der opferwilligen Bevölkerung die höchsten Anforderungen stellen, und in kurzer Zeit konkurrierte das kleine Preußen in seiner Militärmacht mit den Großmächten.

Die letzte politische Tat des Generals zur Verwertung seiner Schöpfungen war der von ihm mit Kaiser Alexander am 28. Februar 1813 in Kalisch abgeschlossene Allianzvertrag, in dem sich Preußen verpflichtete, neben 150000 Russen 80000 Mann ins Feld zu stellen. Die russische Zahl wurde kaum erreicht, die preußische bedeutend überschritten. Preußen stellte im Frühjahre 1813 auf: 45000 Linientruppen mit 95000 Reservisten und Rekruten, mehrere tausend freiwillige Jäger (am 19. März waren gegen 3000 vorhanden) und etwa 120000 Mann Landwehr, im ganzen 270000 Mann.

Neben der Verbesserung der Linientruppen hatte Scharnhorst auf die Heranziehung der freiwilligen Jäger einen besonderen Wert gelegt, indem diese „gebildetsten und intelligentesten jungen Männer den Geist des Militärs anfrischen, die rohen Materialien im Laufe des Krieges führen und das Militär zu einer hohen Stufe erheben sollten". Auf seinen Vorschlag willigte der König am 7. Mai ein, daß die im Feuer gewesenen Freiwilligen zu Subalternoffizieren bei der Linie und bei der Landwehr vorgeschlagen werden durften.

In der Verordnung über die Organisation der Landwehr[29]) war zu Anfang gesagt: „die Stände errichten gemeinschaftlich die Landwehr", d. h. Rittergutsbesitzer, Städte und Bauern, und zwar deren Vertreter in den Verhältniszahlen $1/2$, $1/4$, $1/4$. Die Leistungen waren in den Kreisen sehr verschieden. Die Bewaffnung des ersten Gliedes konnte zunächst meist nur mit Piken erfolgen, bis im Juni genügend viele Gewehre aus England angekommen waren.

Ein wirkliches Aufgebot des Landsturms wurde bei dem Verlauf des Krieges nicht notwendig, doch schlossen sich an bedrohten Stellen bewaffnete Bauern den Truppen an. Das Aufgebot sollte erst nach Beendigung der Landwehraufstellung erfolgen, eine Bewaffnung wäre noch nicht möglich gewesen. Die Wirkung der Organisation war eine wesentlich moralische, indem kein Waffenfähiger sich dem Dienste des Vaterlandes entziehen konnte, dem einbrechenden Feinde nicht helfen durfte, ihm vielmehr nach Kräften schaden mußte. Die betreffende Verordnung ist nicht von Scharnhorst, sondern von einem jüngeren Beamten des Staatskanzleramtes namens Bartholdy entworfen worden; derselbe hatte 1809 in der österreichischen Landwehr als Leutnant mitgefochten (Lehmann).

Nachwort.

Der Aufgabe entsprechend, welche diesem Buche gestellt war, soll zum Schluß auf die Bedeutung hingewiesen werden, welche Scharnhorst als Erzieher des preußischen Heeres gewonnen hat und zwar in seiner Nachwirkung bis auf den heutigen Tag. Diese Bedeutung liegt zunächst in seinem persönlichen Beispiel, in seiner reinen und edlen Natur, in der Begeisterung für seinen Beruf und seinem opferfreudigen Patriotismus. Durch eigene Kraft emporgekommen, durch Wissen und auch durch im Felde bewiesene militärische Tüchtigkeit unter seiner Umgebung hervorragend, blieb er gleichwohl stets bescheiden. Er suchte immer mehr zu überzeugen als seine Meinung aufzunötigen. Nur wenn es sich um wesentliche und folgenschwere Fragen handelte, zeigte er eine ruhige, konsequente Hartnäckigkeit, eine Hartnäckigkeit die warten konnte, aber nicht nachließ; er war dann bereit, unter Einsetzung seiner ganzen Persönlichkeit die mit dem Verlust seiner Stellung verbundenen Nachteile zu ertragen.

Bei aller Bescheidenheit und Neigung sich zurückzuhalten, fehlte es ihm nicht an hohem militärischen Ehrgeiz.

Zu Anfang des Feldzuges 1813 sprach er in einem Briefe aus, daß er sich wohl für befähigt fühle, der Oberfeldherr zu sein, daß es sein höchstes Glück sein würde, nur 24 Stunden lang die Armee zu kommandieren.

In seinen literarischen Arbeiten wie in seinem Leben traten nach Clausewitz' Urteil zwei Eigentümlichkeiten hervor: die erste war die völligste Unabhängigkeit der

Meinung, die zweite, daß er eine große Vorliebe für die Kraft des historischen Beweises in allen Gegenständen seines Berufes hatte. Wie die Geschichte seine Hauptlehrmeisterin war, so hielt er später, als er auf der Höhe stand, auch nur die Geschichte für die berechtigte Richterin.

Seine arbeitsreiche und arbeitsfreudige Tätigkeit hatte ihm — vielleicht übermäßig — den Typus eines Gelehrten aufgedrückt, er wurde aber gleichwohl allen Anforderungen gerecht, die an einen Feldsoldaten zu stellen sind. Er war den mit dem Kriege verbundenen Strapazen und Entbehrungen körperlich völlig gewachsen und kam mit einem geringen Maß von Schlaf und Ruhe aus. Auf geistigem Gebiete bewahrte ihn sein praktischer Kopf vor den Abwegen, auf welche er als Gelehrter und Philosoph zum Schaden seines Berufes hätte geraten können.

Scharnhorsts Lehren, welche für die heranwachsende Generation junger Offiziere besonders beherzigenswert sind, wurden in dem Kapitel „Lehrtätigkeit und militärliterarische Arbeiten" im einzelnen dargelegt, sie sind die Basis geworden für die von ihm geschaffenen Lehrinstitute und sind in deren Geist bis heutigen Tages erhalten geblieben; sie wirken andauernd weiter in der Übertragung kriegswissenschaftlicher Bildung auf praktischer Grundlage und werden sich auch von neuem bewähren, wenn die Prüfung durch den Krieg eintritt.

Das Ziel der vorstehenden Aufsätze war, darzulegen, wie sich der für die Armee so kostbar gewordene Schatz an militärischen Kentnissen und an Kriegstüchtigkeit in Scharnhorsts Persönlichkeit entwickelt hat und wo der Jungbrunnen zu finden ist, aus welchem in Zeiten der Überhebung und des Überwiegens von weniger idealen Anschauungen die in dem Offizierkorps liegende Stärke von neuem aufgefrischt werden kann.

Man lese und befolge seine Lehren, welche auf einem unermüdlichen Fleiße und einer sehr gründlichen militärischen Bildung beruhten, vor allem beherzige man aber, daß er ein Charakter war, lauter, edel und fest; denn nur mit einer solchen Grundlage ist der Offizier den schweren Anforderungen und Prüfungen gewachsen, welche ein unglücklicher Feldzug bringen kann.

Die Festigkeit und Zuversicht, welche Scharnhorst in schweren Lagen wiederholt betätigt, das glänzende Beispiel, welches er hierin gegeben hat, sichern ihm einen Platz unter den hervorragenden Gestalten der Weltgeschichte, trotzdem ihm der direkte Erfolg für viele seiner Bemühungen versagt blieb.

Unverzagtheit und Größe im Unglück waren die Hauptzierden dieses seltenen Mannes.

Ich kann nicht besser schließen als mit Wiederholung der Worte, welche Ernst Moritz Arndt 1813 dem „Waffenschmiede der deutschen Freiheit" widmete:

> Wem gebührt der höchste Preis?
> Nur dem Mann der still erschafft,
> Der in Mühe schwer und heiß
> Nie verzagt und nie erschlafft,
> Der inmitten von Gefahren
> Fühlt, wie seine Väter waren.

Beilagen.

(Abschrift nach dem Original.)

I.

Verabredete Verhältnisse zwischen den Generalmajor von Scharnhorst und Obersten von Hak gemäß dem Befehl der allerhöchsten Kabinetsordre vom 6ten dieses.

Der Generalmajor von Scharnhorst bleibt soweit es heimlich geschehen kann, in Hinsicht der Anordnungen und Einleitungen der wichtigern Geschäftsgegenstände des allgem. Kriegsdepartement in den nemlichen Verhältnissen zu dem jetzigen Chef des Kriegsdepartements, in denen er bisher war. Die Ausführung ist aber unabhängig gänzlich ein Gegenstand des Obersten von Hak. Der Oberst wird dagegen in allen wichtigen allgemeinen Verfügungen, Verordnungen, Bestimmungen und Vorträgen, wenn es die besondere Lage gestattet d. i. wenn nicht die Eile der Sache es hindert mit dem General von Scharnhorst sich vereinigen und nicht ohne seine Zustimmung hierin verfahren. Wichtige Nachrichten, Berichte und f. w. wird der Oberst von Hak den Generalmajor von Scharnhorst mittheilen, damit dieser immer die Geschäftslage übersehen kann; auch zu allen wichtigen allgemeinen Verfügungen, Anordnungen und Instructionen, welche von dem Krieges Departement ausgehen und kein Gegenstand der unmittelbaren Befehle Sr. Majestät sind, wird die Zustimmung des Generals v. Scharnhorst erfordert; eben diese wird bei den Entwurf, der Sr. Majestät vorzulegenden allgemeinen Verfügungen, neuen Bestimmungen oder Abänderungen der bisherigen Einrichtungen, wenn diese Gegenstände wichtig sind, erfordert. Haben Se. Majestät diese Verfügungen befohlen und sind es also keine alleruntertänigste Vorschläge, so wird dennoch, wenn die Zeit und Umstände es gestatten, das Concept des Entwurfs zu den allerhöchsten Befehl, den Generalmajor von Scharnhorst, vor der Vollziehung vorgelegt, damit er über die Fassung selbst, seine Zustimmung geben könne.

Nur der Major von Boyn, wird von diesen geheimen Verhältniß vertraut gemacht, in dem es zu seiner Kentniße in jedem Fall bei der Ausführung kommen würde. Berlin den 30. Juni 1810.

v. Scharnhorst.   v. Hake.

Da obige Bestimmungen ganz meiner Absicht entsprechen so genehmige ich sie hiermit

Friedrich Wilhelm.

Bleibt unter den gegenwärtigen
Umständen suspendirt.
   26. April 12.
Fr. W.

(Der letzte Teil des Vorstehenden ist am Schluß des Bandes in der Originalhandschrift wiedergegeben.)

II.

Der König an Generalmajor von Scharnhorst in Cudova,
27. August 1810.

Mein lieber General von Scharnhorst. Ich habe aus Eurem Schreiben vom 17. August mit Bedauern gesehen, daß Ihr durch Gegenstände beunruhigt werdet, wovon Ich nicht füglich eher Kenntniß nehmen kann, als bis solche mit unwidersprechlichen Zeugnissen belegt sind. Ich muß Mich daher für jetzt auf die Versicherung einschränken, daß Ich gern bereit bin, Euch gegen eine jede Anfechtung, welcher Ihr ausgesetzt sein könntet, in Schutz zu nehmen, auch daß Ich mit Vergnügen die Gelegenheit wahrnehmen werde, Meine wohlwollenden Gesinnungen für Euch an den Tag zu legen. Ich hoffe, daß dadurch die falschen Ansichten und Meinungen, welche Ihr besorgt, widerlegt und beseitigt werden, kann aber Erläuterungen darüber von keiner Seite zulässig finden.

Zu Eurer Genesung, die ich aufrichtig wünsche, würde es mir lieb sein, wenn Ihr möglichst absehen wolltet von alle dem was nachteilig auf Euer Gemüt und Eure Gesundheit wirken könnte, und völlige Beruhigung in dem Besitze meiner Königlichen Huld fändet, auf die Ihr Euch durch treue Dienste einen gerechten Anspruch erworben habt, und wovon Ich Euch die Versicherung erneuere, als Euer wohlaffectionirter König.

gez. Friedrich Wilhelm.

III.
Nachruf
nach Scharnhorsts Tode in den preußischen Zeitungen.

Scharnhorst war einer der ausgezeichnetesten Männer unserer Zeit. Das rastlose, stetige, planvolle Wirken nach einem Ziel, die Klarheit und Festigkeit des Verstandes, die umfassende Größe der Ansichten, die Freiheit von Vorurteilen des Herkommens, die stolze Gleichgültigkeit gegen äußerliche Auszeichnungen, der Mut in den unscheinbarsten Verhältnissen mit den schlichtesten Mitteln durch die bloße Stärke des Geistes, den größesten Zwecken nachzustreben, jugendlicher Unternehmungs-Geist, die höchste Besonnenheit, Mut und Ausdauer in der Gefahr, endlich die umfassendste Kenntniß des Kriegswesens, machen ihn zu einem der merkwürdigsten Staatsmänner und Soldaten, auf welche Deutschland je stolz sein durfte.

Billig und gerecht im Urteil, sanft und ruhig in allen Verhältnissen mit Andern, freundlich, herzlich im ganzen Lebens-Umgange, zart und edel in der Empfindungsweise, war er einer der liebenswürdigsten Menschen, die den Kreis des geselligen Lebens zieren.

Was er dem Staate gewesen ist und dem Volke und der ganzen deutschen Nation, mögen wenige oder viele erkennen, aber es wäre unwürdig, wenn einer davon gleichgültig bliebe bei dem traurigen Todesfall. Es müßte keine Wahrheit und keine Tiefe mehr in der menschlichen

Natur sein, wenn dieser Mann je von denen vergessen werden könnte, die ihm nahe standen, ihn verehrt und geliebt haben.

(Geschrieben von Gneisenau und Clausewitz.)

IV.

(Auszug nach dem Originalblatt.)

Der „Preußische Korrespondent" schreibt am 9. Juli 1813:

... Was unser theurer König, dem er persönlich so nahe stand wie wenig Andre, was die Armee und der Staat, was die Wissenschaft und Kunst des Krieges, ja was Deutschland an ihm verlieren, mögen Viele ahnden; aber selbst diejenigen, welche die Begebenheiten der letzten Jahre in der Nähe beobachtet haben, können es nur zum Teil wissen, denn anspruchslose Stille war der Charakter seines ganzen Lebens ... Das einfache Lied unseres Arndt (nachfolgend) würde er selbst mit der demütigen Rührung, die ihn in Augenblicken solcher Anerkennung von Einzelnen, die er selbst achtete und liebte, so sehr verherrlichte, wohlwollend angenommen haben ...

V.

Auf Scharnhorsts Tod.
Von E. M. Arndt.

Wen erlest ihr für die großen Todten,
Die einst ritterlich fürs deutsche Land
Ihre Brust dem Eisen boten?
Wen erlest ihr als den rechten Boten,
Götter, zu dem Schattenstrand?

Wer ist würdig, solche Mähr zu bringen:
„Aufgestanden sind die Söhne Teuts,
„Millionen Stimmen klingen:
„Unsre Schandeketten sollen springen,
„Auch der Donner klingts des Streits."

Wer mag Hermann seine Rechte reichen?
Und der Väter Angesichter schau'n?
Wahrlich keine von den bleichen
Seelen, die vor jedem Sturmwind streichen;
Die zermalmte schier das Grau'n.

Nur ein Held mag Helden Botschaft tragen:
Darum muß Germaniens bester Mann,
Scharnhorst muß die Botschaft tragen:
„Unser Joch das wollen wir zerschlagen,
„Und der Rache Tag bricht an."...

VI.
Brief
an Frau von Clausewitz, geb. Gräfin Brühl, von ihrem
Mann. 30. Juni 1813.
(Nach der noch vorhandenen Abschrift durch
Frau von Clausewitz.)

Die letzte Nachricht von Scharnhorst war, daß er im Verscheiden sei. Du wirst also schon die Gewißheit seines Todes haben. Du kannst denken wie traurig ich bin... Es ist ihm gewiß schwer geworden von der Welt zu scheiden, denn es ist ihm so manche Lieblings-Idee unerfüllt zurück geblieben. Das ist es was mich so wehmütig macht... Außer Dir hat es nie einen Menschen gegeben der mir so viel Wohlwollen bewiesen hatte und der auf das ganze Glück meines Lebens einen solchen Einfluß gehabt hätte.

VII.
Nekrolog
im „Hannoverschen Meseum".
(Von einem S.-unterzeichneten Freunde oder Verwandten.)

... Das offenste Gemüt mit unverbrüchlich strenger Verschwiegenheit, die kindlichste Sanftheit mit unerschütterlicher Festigkeit vereint, höchste Einfachheit des Lebens, gänzlich frei von allem Eigennutze des Geldgeizes oder

Ehrgeizes außer dem, als unerschrockener Krieger geachtet
zu werden, bei großen Kenntnissen und noch größeren
Talenten ohne alle Ahndung seines seltenen Werths. Im
engen Kreise der Familie von seiner Tochter, seinem
Schwiegersohn, seinen zwei Söhnen, seinen Verwandten,
umgeben von wenigen Freunden war er allein glücklich . . .

VIII.

Handbuch für Offiziere in den anwendbaren
Teilen der Kriegswissenschaften. Hannover (Helwing)
1787—1790. Der im Jahre 1787 erschienene erste Teil: Von
der Artillerie — ist die älteste größere literarische Leistung
Scharnhorsts, welcher damals Leutnant im Königlichen und
Kurfürstlichen Hannoverschen Artillerieregiment war. Sie
ist dazu bestimmt gewesen, den Schülern der Militärschule,
an welcher er seit vier Jahren Vorlesungen hielt, zum Nach-
lesen und zum Repetieren zu dienen. Das Buch basiert
auf der damals vorhandenen Artillerieliteratur. Hierzu
gehörten zwei Bücher von Struensee (Anfangsgründe der
Artillerie und Kriegesbaukunst), ein englisches, sechs französische und sechs deutsche Werke, bzw. Handbücher.

Scharnhorst gibt zunächst alle Details der hannoverschen
Artillerie im Vergleich mit derjenigen der größeren Militär-
staaten, namentlich Frankreichs und Preußens, sodann die
Organisation der Waffe für die Verwendung im Felde
wie im Belagerungskriege. Besondere Vorfälle bei der
Bedienung, auch manœuvres de force, sind auf achtzehn
Seiten mit vielen instruktiven Details erörtert.

In dem die Wirkung der Artillerie beschreibenden Abschnitt sind die damaligen Schießregeln mitgeteilt, mit Ver-
gleichen der Schußweiten bei der dänischen, hannoverschen,
preußischen, sächsischen, französischen und englischen Artillerie.
Der fünfte Abschnitt bespricht eingehend den Gebrauch im
Felde mit taktischen Beispielen.

Mehr für den direkten Gebrauch der Truppenoffiziere
(bis zum Detachements- und Regimentskommandeur) bestimmt
war das von dem Hauptmann Scharnhorst im November
1792 in Hannover (Helwing) herausgegebene Militärische
Taschenbuch zum Gebrauch im Felde.

Das Buch kann als eine Art für das Selbststudium bestimmter Felddienstordnung bezeichnet werden, erläutert und begründet durch zahlreiche Beispiele aus dem Siebenjährigen Kriege.

An interessanten Details wären aus dem Texte folgende taktische Erörterungen hervorzuheben:

Scharnhorst warnt die Infanterie vor dem zu frühen Feuern. Es treffe in einer feindlichen Linie von Infanterie und Kavallerie

auf 150 Schritt durchschnittlich die 2. Kugel
„ 200   „   „   „ 5.   „
„ 300   „   „   „ 7.   „
„ 400   „   „   „ 15. „

wenn alle Leute zielen.

Unter normalen Verhältnissen sei ein Infanterieangriff ohne Feuer zu verwerfen, man solle die feindliche Infanterie durch auf 400 Schritt feuernde Plänkler zum frühzeitigen Feuern verleiten und dabei erhalten, dann werde das gegnerische Feuer ein unordentliches und wenig wirksames werden. Wenn man ohne Feuern avancieren könne, müsse man doch auf 80 Schritt ein Bataillonsfeuer abgeben vor dem Angriff mit dem Bajonett, näher wie 40 Schritt solle man aber nicht mehr feuern. Es soll möglichst immer ein Bataillonsfeuer sein, da man dann fünfmal in der Minute feuern könne, peloton- und gliederweise nur zweimal, und das Bataillonsfeuer sei zwei- bis dreimal wirksamer.

In der Defensive gegen eine ohne Feuern anrückende Infanterie empfiehlt sich erst auf 75 Schritt zu feuern, aber mit zwei Kugeln, wie die Östereicher bei Breslau 1757 mit großem Erfolge taten.

Die Kavallerie könne nicht wagen in guter Ordnung zurückgehende feindliche Infanterie direkt anzugreifen, sie müsse vielmehr einen Teil absitzen und auf 300 Schritt vom Feinde in einem Gliede feuern lassen, bis beim Gegner Unordnung zu bemerken ist. Scharnhorst setzt hinzu: „Es ist zu verwundern, daß man unnötigerweise in solchen Fällen die Kavallerie durch wiederholte Angriffe aufgeopfert hat, da man doch leicht durch Absitzen eines geringen Teils seinen Zweck hätte erreichen können." Das hannoversche Estorffsche Dragonerregiment habe dies im Siebenjährigen

Kriege dreimal mit gutem Erfolge gegen feindliche Infanterie angewendet.

Den Erfahrungen des Siebenjährigen Krieges entsprechend, ist dem Bau, dem Angriff und der Verteidigung von Feldschanzen ein 76 Seiten langes Kapitel gewidmet.

Das letzte Kapitel bespricht Angriff und Verteidigung der Festungen.[30])

Scharnhorst hielt den **Unterricht des Königs von Preußen an die Generale seiner Armeen** mit den Zusätzen und Instruktionen des Königs, wie er dieselben bis zu seinem Tode teils selbst aufgesetzt, teils erlassen hat, für besser zum Unterricht in den Militärschulen als irgend ein anderes Werk. Er bearbeitete es für diesen Zweck im Jahre 1793 auf dem Marsche nach Flandern und schloß es am 1. Dezember in Menin ab. In der von Scharnhorst veröffentlichten Zusammenstellung kann das Buch als eine derzeitige Instruktion für die höheren Truppenführer in Verbindung mit einer Felddienstordnung bezeichnet werden. Aus dem sehr reichen Inhalt sei als besonders interessant folgendes Wort des großen Königs hier wiedergegeben: „Indem ich also gewisse Regeln von Bataillen gegeben habe, kann ich nicht in Vergessenheit stellen, daß ich solchen öfters aus Unvorsichtigkeit nicht nachgekommen bin. Meine Offiziers aber sollen von meinen Fehlern profitieren und zugleich wissen, daß ich bedacht bin, mich davon zu korrigieren."

Die von Scharnhorst verfaßte: **Beschreibung der selbsterlebten Verteidigung der Stadt Menin und der Selbstbefreiung der Garnison unter dem Generalmajor von Hammerstein, im Jahre 1794**, erschien im Jahre 1803 und ist in ihrer knappen, rein sachlichen Form als ein Muster kriegsgeschichtlicher Darstellung mit Nutzanwendung zu bezeichnen. Die kleine alte Vaubansche Festung mußte in kaum zwei Monaten zu einer provisorischen Erdbefestigung wiederhergestellt werden, sie war ihres Mauerwerks an den Wällen und in den Kasematten beraubt worden. Scharnhorst sagt in der Einleitung: „Man findet kein Beispiel in der Geschichte, wo eine sehr unbedeutende Garnison von Infanterie, aus einem Orte, der von einem acht- bis zehnmal stärkeren Feind eingeschlossen und belagert wurde, sich durchgeschlagen hätte." Die vier-

Verteidigung von Menin u. Durchbruch der Besatzung.

tägige Verteidigung gegen 20000 Franzosen unter Moreau, d. h. bis zu dem von der Heeresleitung bezeichneten Entsetzungstermin war musterhaft. Außer der Energie des Kommandanten und der Tapferkeit der hannöverschen Truppe sind manche der getroffenen Maßregeln durchaus nachahmenswert. Der Kommandant einer mit Belagerung bedrohten Festung kann zur Beeinflussung seiner Offiziere nichts besseres tun, als ihnen neben Schilderung einer der schimpflichen Kapitulationen des Jahres 1806 das glänzende Beispiel von Menin nach der Beschreibung von Scharnhorst vortragen.

Die Schilderung des berühmten Durchbruchs der Besatzung ist fast dramatisch gehalten und wirkt außerordentlich packend, sie ist ein Denkmal geworden für General von Hammerstein und die hannoversche Truppe.

Nach dem ersten, ganz unwahrscheinlichen Erfolge wurde die kleinere Hälfte der Besatzung, bei der sich der General und Scharnhorst befanden, gegen 3 Uhr nachts von den sehr überlegenen Franzosen abgeschnitten und konnte die Brücke auf der Rückzugsstraße nicht mehr erreichen. Der General sagte in dem hitzigen Nahgefecht: „Die Sache geht schlecht, ich will lieber auf der Stelle sterben, als in den Ort zurückgehen." Diese Stimmung teilte sich der Truppe mit, welche zum großen Teil aus wenig ausgebildeten Rekruten des 14. Regiments bestand. Sie hatten die taktische Ordnung verloren, kämpften aber mit Kugel und Bajonett einzeln weiter. Niemand benutzte den noch offenen Rückweg in die Stadt. Mannschaften, Geschütze, Pferde suchten über den angestauten Geluve-Bach zu entkommen, unter Benutzung von zwei Wiesenbrücken, welche aber vom Hochwasser bedeckt und in der Dunkelheit schwer zu finden waren. An Stelle der taktischen Leitung trat hier „ein allgemeines wechselseitiges Zureden, sich nicht gefangen zu geben, sich zu wehren, so lange man noch einen Blutstropfen hätte. Man sah Trupps, die von Gemeinen kommandiert waren, und wo die Leute anderen Gemeinen wie ihren Offizieren gehorchten."

So entkamen in der Nacht vom 29. zum 30. April zwei Drittel der etwa 2000 Mann starken Besatzung mit dem größeren Teil der fahrbaren Artillerie und noch

2 Geschützen von einer französischen Batterie, welche von den zuerst Durchbrechenden genommen worden war.

Das Handbuch der Artillerie ist ein vollständiges Kompendium über die Artillerie der damaligen Zeit. Heutigentags hat es in der Hauptsache nur noch historischen Wert für die deutschen und fremden Artilleriekorps. Scharnhorst sagt: „Die französische Artillerie hat in den mechanischen und technischen Einrichtungen einen so großen Grad der Vollkommenheit erreicht, daß es den deutschen Artillerien Mühe kostete, hierin jener zu folgen." Er lobt an dieser Stelle (II, S. 516) auch die Vorschriften der nach dem 7jährigen Kriege eingerichteten sächsischen Artillerieschule. Über die einige Jahre vor dem Revolutionskriege von Tempelhof eingerichtete Preußische Artillerieakademie äußert er S. 514: „Dies Institut ist in der Dotierung das reichste und in der Einrichtung das vollkommenste in seiner Art."

Besonders interessant, weil nicht veraltet, erscheinen Scharnhorsts Ansichten über die Ausbildung der Artillerieoffiziere:

Ohne theoretische Arbeiten, welche die wissenschaftliche Ausbildung zu fördern imstande sind, würden die Offiziere in der Artilleriewissenschaft keine weiteren Fortschritte machen. „Es muß ihnen daher Veranlassung gegeben werden, die angefangene Bahn weiter zu verfolgen. Um den Geist der Untersuchung und der Nachforschung unter den jungen Offizieren des Artilleriekorps allgemein zu verbreiten, muß man sie jährlich ein oder zwei Monate mit Versuchen über Gegenstände der Artillerie beschäftigen und den Zweck, die Disposition der Ausführung und die Resultate jedem mitteilen. Werden diese Arbeiten so geleitet, daß bei ihnen Bestimmungen des Effekts der Artillerie vorkommen, so können sie viel beitragen, den Offizier in den angewandten Teilen zu bilden. Man vermeide hier aber die Einförmigkeit" ... „Ein anderes sehr wirksames Mittel, die Bildung des Offiziers weiter zu fördern, besteht in der Veranlassung zu eigenen Arbeiten" ... „Die Ausarbeitung eines kleinen Aufsatzes ist oft lehrreicher für den Verfasser, als die Lektüre eines dicken Buches" ... „Es würde ferner für die Offiziere sehr nützlich sein, wenn für sie über die

Kriegsgeschichte so gelesen würde, daß ein jeder sie ganz verstehen könnte. Hierzu würde erforderlich sein, daß eine Erklärung der natürlichen Beschaffenheit des Kriegstheaters, der politischen und militärischen Verhältnisse bei den kriegführenden Staaten, der Verfassung der gegenseitigen Armeen usw. vorausginge. Keine Zeit würde zu dieser Vorlesung sich besser passen, als die Stunde nach der Parole (dreimal wöchentlich). Gewöhnlich wird diese um 10 oder 11 Uhr ausgegeben — der übrige Vormittag ist dann verloren — würde davon eine Stunde auf die obige Weise angewandt, so könnte dies dem Offizier auf keine Weise unbequem fallen, im Gegenteil ihn von unnötigen Ausgaben, wozu nicht selten einer den andern verführt, abhalten und einen sehr großen Nutzen für seine Kenntnisse und Einsichten in der Folge haben. — Es ist nicht einzusehen, warum diese Vorlesung nicht zur Dienstsache gemacht werden könnte, da es bei der Parole Gebrauch ist, wenigstens eine Stunde zu verweilen, um erst die Entfernung der Obern abzuwarten."

Über den erst 1814 erschienenen dritten Band des Buches äußerte Scharnhorst nach seiner Verwundung im Mai 1813 in Dresden: „Der Krieg hat mich bei dem dritten Bande meines Artilleriewerkes übereilt ... Dieser dritte Band besteht aus zwei Abschnitten: der erste handelt von der Übung der Artillerie überhaupt und der zweite von der Wirkung der Feldartillerie insbesondere. In dem ersten Abschnitte habe ich die Bedienung zu vereinfachen und auf ihre wesentlichen Erfordernisse zurückzuführen gesucht. Dabei ist gezeigt, daß in verschiedenen Armeen die Artillerieexerzize mit einer so großen Menge überflüssiger Pünktlichkeiten abgemessener Tritte, Wendungen, Griffe usw. überladen sind, das Wesentlichere nicht erlernt werden kann, und der Sinn für dasselbe verloren geht. Das Spielwerk der niederen Taktik bei der Infanterie, wodurch zuletzt die Hauptübung — das Schießen — ganz vergessen wurde, droht auch jetzt in der Artillerie herrschend zu werden" ...

„Neben der Ausarbeitung des dritten Bandes meines Werkes, hatte ich ein kurzes Kompendium über die Wirkung des Feuergewehres, sowohl des groben Geschützes als des Infanteriegewehrs, der Büchsen und

Pistolen (für den Unterricht der preußischen Kriegsschulen, über welche mir die Direktion übertragen ist) ausgearbeitet... Die Resultate der Wirkung des Infanteriegewehrs sind aus 36000 Schüssen, welche ich eigentlich zu diesem Zwecke habe tun lassen, gezogen."

IX.

Clausewitz' Urteil über Scharnhorsts letzte literarische Arbeit: „Über den Krieg und die Kriegführung."

„Hätte ihn nicht ein ruhmvoller Tod einem noch ruhmvolleren Leben entrissen, so würde in seinen letzten schriftstellerischen Arbeiten sein Verdienst um die Theorie des Krieges sich gewissermaßen verkörpert haben und allen sichtbar gewesen sein. Der letzte Teil seiner umgearbeiteten Artillerie allein würde dazu hinreichend gewesen sein. In diesem wollte er den Gebrauch dieser Waffe im Felde lehren, und zwar, wie er immer tat, hauptsächlich in Beispielen. Da nun in neueren Zeiten diese Waffe mit den beiden andern so genau verbunden ist und einen so großen Anteil an den Gefechten aller Art hat, so führte ihn dies dahin, die ganze Gefechtslehre in seinen Gegenstand hineinzuziehen, und da er sich hier recht in seinem Lieblingsfelde befand, so tat er es mit Lust und Liebe und mit der Fülle seines Geistes."

Clausewitz hatte vorübergehend gehofft, aus den von Scharnhorst hinterlassenen Bruchstücken ein Werk zusammenstellen zu können, gab es aber auf, „denn sein Denken ist zu originell ... man muß fürchten, den bildenden Gedanken zu verfehlen".

X.

Verfassung der Akademie für Offiziere.

§ 1.

Die Akademie ist für Offiziere bestimmt, welche sich, nachdem sie die Anfangsgründe der mathematischen und militärischen Wissenschaften studiert haben, ferner noch in den höhern und angewandten Teilen derselben ausbilden wollen. Ohne die erforderlichen Elementarkenntnisse wird

Verfassung der Akademie für Offiziere.

niemand aufgenommen. Sie bestehen, außer den gewöhnlichen Schulkenntnissen, dem Zeichnen der Situations- und Manöverpläne, in der Arithmetik, ebenen Geometrie und Trigonometrie, den Anfangsgründen der Artillerie, Verschanzungskunst, Fortifikation, des Angriffs und der Verteidigung der Festungen.

Der Direktor der Akademie hat die Verpflichtung, sich mit den ankommenden Offizieren über diese Gegenstände, bevor sie in die Akademie treten, zu unterreden. Er stattet hiervon einen Bericht an den Inspekteur ab, welcher alsdann über die Aufnahme entscheidet.

§ 2.

Die Akademie steht unter dem Oberbefehl des Generalquartiermeisters, als Inspekteur derselben.

Von diesem hängen alle die Akademie betreffenden Verfügungen ab. Er hat die Verpflichtung, darauf zu sehen, daß Lehrer und Lernende mit der erforderlichen Tätigkeit, dem Endzweck der Akademie gemäß, arbeiten, und daß der dazu ausgeworfene Fond zweckmäßig verwandt wird. Von ihm wird jährlich ein Bericht über die Fortschritte und die Arbeiten der Offiziere an Seine Majestät den König abgestattet.

§ 3.

Zur speziellen Aufsicht und zur Leitung der Studien hat die Akademie einen Direktor. Er ordnet den Unterricht, besucht die Vorlesungen aller Lehrer von Zeit zu Zeit, erforscht die Kenntnisse der Offiziere und gibt ihnen Anleitung, wie sie ihre Studien am zweckmäßigsten einrichten können. Er stattet jährlich zweimal einen umständlichen Bericht an den Inspekteur von dem Fleiße und den Talenten der die Akademie besuchenden Offiziere, von dem Fortgange des Unterrichts und dem Erfolge desselben ab.

§ 4.

Die Akademie kann nicht mehr als zwanzig auswärtige Offiziere aufnehmen; in Hinsicht der Berlinischen Inspektion hängt die Bestimmung der Anzahl von dem Inspekteur ab.

Wenn ein Offizier in die Akademie aufgenommen zu werden wünscht, so wird ein Vierteljahr vor dem Anfang eines neuen Kursus dies vom Regimente dem Inspekteur angezeigt.

§ 5.

Die Vorlesungen und Arbeiten der Akademie finden nur in dem Winterhalbjahr statt, sie nehmen ihren Anfang mit dem 1. September und enden mit dem 21. März. Der Kursus des akademischen Unterrichts dauert 3 Jahre, und mit dem 1. September 1804 fängt ein neuer an.

§ 6.

Nur mit dem Anfange eines neuen Kursus kann man in die Akademie treten; doch wird für diejenigen, welche in den mathematischen und militärischen Wissenschaften schon bedeutende Fortschritte gemacht haben, eine Ausnahme stattfinden.

§ 7.

Die Lehrer richten ihren Unterricht dem Plan des Ganzen gemäß ein und folgen hierin der Anordnung des Direktors.

§ 8.

Die in die Akademie aufgenommenen Offiziere stehen in jeder Rücksicht unter den speziellen Befehlen des Direktors, während sie in der Akademie sind.

§ 9.

Folgende Vorlesungen werden für die Akademie wöchentlich gehalten:
1. Über die Logik, zwei Stunden.
2. Über die reine und angewandte Mathematik, in den beiden ersten Jahren drei, im letzten Jahre aber 6 Stunden.
3. Über die Artillerie, Fortifikation und den Belagerungskrieg, drei Stunden.
4. Über die Taktik und Strategie, drei Stunden.
5. Militärische Geographie und Anleitung zum Studium der Geschichte der lehrreichsten Kriege, drei Stunden.
6. Übungsstunden in der Mathematik, zwei Stunden.

§ 10.

Die praktischen Arbeiten der Akademie bestehen:
1. In einer jährlichen Artillerieübung im scharfen Schießen, Bombenwerfen und Manövrieren.

2. In der Aufführung einer Schanze mit Pallisaden, Flabderminen usw.
3. In der Ausarbeitung von militärischen Aufsätzen, welche sich auf die Gegend von Berlin beziehen und von 14 zu 14 Tagen aufgegeben werden.
4. In der Anweisung zum Gebrauch des Theodoliten, Sextanten und anderer seltener und sehr zusammengesetzter Instrumente.

XI.

Eigenhändige Bezeichnung der 19 Punkte, welche König Friedrich Wilhelm III. der am 25. Juli 1807 von ihm eingesetzten Militär-Reorganisations-Kommission als Grundlage für ihre Beratungen übergab (Klippel).[31]

Da es wohl nach der bisher gemachten Erfahrung, auch nach der veränderten Lage der Sache, weder tunlich, noch geraten sein möchte, die Armee bei ihrer Wiedergeburt verhältnismäßig ganz wieder auf den ehemaligen Fuß zu setzen, so würden hierbei vorläufig folgende Punkte zu beobachten und demnächst ein Plan zu entwerfen sein, damit bei neuen Formationen sogleich nach dem Geist desselben verfahren werden könne, um keine unnötigen, damit im Widerspruch stehenden Einrichtungen zu treffen.

1. Wird man vor allen Dingen die Offiziere, so ihre Schuldigkeit offenbar nicht getan haben, vom Dienst ausschließen und nach Umständen auf das strengste zu bestrafen haben.
2. Solche, deren Betragen zweifelhaft geblieben, zur Rechenschaft ziehen.
3. Könnte es wohl geraten sein, bei der Wiederherstellung der Armee dieses Heer von invaliden Generalen, Stabs- und anderen Offizieren, die teils physisch, teils moralisch oder an beiden zugleich invalide sind, wieder nach ihrem ehemaligen Rang und Würden einzusetzen?
4. Und wenn dieses nicht ist, da eine Änderung hierin zuverlässig notwendig ist, wie wäre künftig das Avance-

ment in der Armee einzurichten, um nicht in den alten Fehler zu verfallen?

5. Würde mit dem Eintritt der Unadligen nicht eine Abänderung zu treffen sein, und solche mehr zugelassen werden müssen?

6. Es würde ein richtiges, auf neue Erfahrungen gegründetes Verhältnis unter den verschiedenen Truppenarten festzusetzen sein, d. h. an Linieninfanterie, an leichter Infanterie, an Artillerie, an Kavallerie usw.

Daß wir zu wenig wirkliche leichte Infanterie haben, ist wohl keinem Zweifel unterworfen. Wie aber wäre diese zu schaffen? Man könnte, was mir sehr tunlich und zweckmäßig scheint, noch zu jedem Regimente Infanterie ein Bataillon von gleicher Stärke wie die übrigen, als leichtes Bataillon hinzufügen, welches einerlei Uniform trüge und nur durch Kleinigkeiten zu unterscheiden wäre. Der Vorteil hierbei ist der, daß man die zum leichten Dienst qualifizierten Offiziere aus dem Regiment hierzu wählen, und mit denselben sowie mit den Mannschaften wechseln könnte, wenn sie hierzu nicht tauglich befunden würden. Oder aber die sogenannte leichte Infanterie bliebe gänzlich weg und die ganze Infanterie würde zu diesem Dienst zugleich mit angehalten, wie solches bei den Franzosen der Fall ist. Jedes Regiment erhielte sodann gleichfalls ein drittes Feldbataillon.

In beiden Fällen gingen sämtliche jetzige Füsilierbataillons ein und würden den Linienregimentern zugeteilt.

7. Das Ein- und Ausländer-Rekrutensystem würde gänzlich abzuändern und statt Regimentskantons größere Distrikte zu bestimmen sein, aus welchen die verschiedenen Gattungen von Truppen zu ergänzen wären, wobei mehr auf die Qualifikation für eine jede insbesondere, wie zeither möglich, gesehen werden könnte. Ein etatsmäßiger Ausländerstamm nebst Werbegelder würde wohl auf jeden Fall aufhören müssen. Bei der neuen Kantoneinrichtung, die allenfalls divisions- oder halbe divisionsweise nach den Armeedivisionen einzuteilen wäre, müßten weniger Eximierte stattfinden, und es wäre zu erwägen, ob die von dem Rittmeister v. d. Marwitz angeführten Ideen der Formierung der Freikorps, d. h. von leichten

Truppen nach seinen entworfenen Prinzipien nicht zum Teil ausführbar wären.

8. Die **Dislokation** würde gleichfalls abzuändern sein, um mehr die erforderlichen Gattungen von Truppen beieinander zu haben. Dieses zu erlangen, würde

9. eine **permanente Einteilung in Divisionen** in möglichst gleicher Stärke am natürlichsten sein, und hiernächst diese Divisionsgenerale die zeitherigen Inspekteurs zu ersetzen haben. Die hieraus schon im Frieden entstehende Truppenverbindung hat ohnstreitig viel gutes. Es versteht sich, daß im Felde die leichte Infanterie öfters besonders gebraucht wird wie bisher, ebenso die Kavallerie zusammenzuziehen und besonderen kommandierenden Generalen zu übergeben ist, wenn es die Umstände erfordern.

10. Es folgt hieraus gewissermaßen von selbst die Haupteinteilung in verschiedene **Armeekorps**, die ein jedes aus mehreren Divisionen bestehen, und deren vollständige Organisation zum Kriege schon im Frieden selbstständig einzurichten ist.

11. Die kurz vor dem Ausbruch des Krieges projektierte neue **Formation der Infanterie** auf 14 Feldkompagnien kann unter den obwaltenden Umständen noch sehr füglich realisiert werden. Hiernächst würden die Bataillons auf 4 Kompagnien zu setzen und die Kompagnie allmählich bis auf 170 Feuergewehre zu augmentieren sein; 3 Feldbataillons à 4 Kompagnien, wobei ein leichtes sein könnte, 2 Grenadierkompagnien und 1 Depotkompagnie. Hierbei würde am Primaplan viel gewonnen, was in diesem Augenblick, wo man auf Ersparnis mehr als je zu sehen hat, vorteilhaft wäre, da die Stärke der Regimenter hierbei keineswegs verliert.

12. Sobald aber bei der Rekrutierung weniger Exemption stattfindet, müßte mit den **militärischen Strafen** eine Änderung geschehen, und sie zwar ebenso strenge, aber weniger diffamierend anzuordnen sein, deshalb eine Umänderung der Kriegsartikel vorzunehmen wäre.

13. In Ansehung der **Bekleidung**, so würde diese zu simplifizieren sein, in der Art, wie sie bereits bei den Infanterie-Reservebataillons eingeführt worden. Bei der Infanterie divisionsweise mit gleichfarbigen Aufschlägen und

Kragen, die Achselklappen und Hutpüschel unterscheiden die Regimenter. Erstere sind auch auf Offiziere und Unteroffiziere anzuwenden.

Ob in Ansehung der übrigen Armierung und Equipierung der verschiedenen Waffen noch eins oder das andere zu verbessern oder zu vereinfachen wäre, muß geprüft werden. Die Anschaffung der **Mäntel** für die Infanterie und der **Überhosen** für die Kavallerie von graumeliertem festen Tuch ist hierbei das wesentlichste, weil die diesmalige beispiellose Winterkampagne die dringende Notwendigkeit derselben gewiesen hat.

14. In anderen Reichen, z. B. in Rußland, Österreich und Frankreich, werden die Soldaten öfter in Friedenszeiten gebraucht, um damit **große Arbeiten**, als Festungsbauten, Anlegung von Kanälen, Chausseen usw. korpsweise zu verrichten, welches ihnen als Dienst angerechnet wird, und wobei sie einen verhältnismäßigen Zuschuß erhalten. Wäre eine solche wesentliche Sache nicht auch hier einzuleiten? Die **innere Ökonomie** in den Kompagnien erlaubte dies bisher nicht, aber sollte nicht ebenfalls eine Reform zu treffen sein? Die Anschaffung der sogenannten kleinen Montierungsstücke, z. B. die Einrichtung mit der Gage der Freiwächter u. dgl. Der Kompagniechef müßte seine hinreichende Gage erhalten und mit allem diesem aber weiter nichts zu tun haben.

15. Daß die **Verminderung und Vereinfachung der Bagage** bei allen Truppengattungen eine sehr wesentliche Sache sei, davon hat sich wohl ein jeder zu seinem Nachteil, noch mehr aber wie solches zum Nachteil des Ganzen wirkt, selbst überzeugt. Eine gründliche Bestimmung hierüber bleibt noch festzusetzen.

16. Daß jede Militärbranche in sich an ihrer Vervollkommnung oder besser gesagt, an ihrer Regeneration arbeite, und dem Nützlichen und Wesentlichen alle übrigen alten Vorurteile weichen müssen, ist höchst wichtig; z. B. die Infanterie muß in Friedenszeiten sich im **richtigen Schießen** üben (ein Gegenstand, den man nie hat beherzigen wollen) und hierzu hinlänglich Pulver und Blei gegeben werden. Die Artillerie muß ihr Fuhrwerk und Affütage revidieren und **leichter einrichten lassen** usw.

Auch würde es gewiß zweckmäßig sein, wenn die Kompagnien nicht in 2 Batterien geteilt wären, sondern solche in ganzen Kompagnien verblieben, wie solches bei den Russen der Fall ist, auch die Knechte von den übrigen Kanonieren genommen würden.

Eine Veränderung mit der Regimentsartillerie wird auch wohl notwendig getroffen werden müssen.

17. Das Verarbeiten der Montierungszutaten durch Soldaten in den Kompagnien ist eine sehr wesentliche Sache und hierbei der bisherige Zunftzwang zu beseitigen.

18. Die wieder zu formierenden neuen Regimenter sollen keineswegs unter ihrer vorigen Gestalt (Firma) neu formiert werden. Sie sind als ganz neue Regimenter anzusehen; und nur die in Preußen gefochtenen, unaufgelöst gebliebenen, sollen als alte Regimenter beibehalten werden und nach ihrer Anciennität den Pas vor den übrigen erhalten. Vielleicht wäre hierbei eine Benennung der Regimenter nach den Provinzen, in welchen sie garnisoniert, einzuführen.

19. Ob bei der Kavallerie gleichfalls eine andere Organisation einzuführen wäre und die Regimenter hinfüro auf 8 Eskadrons festzusetzen, wo alsdann etwa bei jeder Division 1 Kavallerie- (Kürassier- oder Dragoner-) und 1 Husarenregiment einzuteilen wäre (in Summe 16 Eskadrons), bliebe zu erwägen. Von jedem Kürassier- und Dragonerregiment, wenn selbst es auf 5 Eskadrons verbleibt, können sehr füglich 5 Offizierstellen eingehen.

XII.
Aus einer Instruktion für die Generalstabsoffiziere bei den Divisionen Ende September 1806.

In Rücksicht auf die schlechten Karten, die zur Verfügung standen, sollte bei Bezeichnung der Marschziele mehr als ein Ort genannt werden, die Märsche sollten mit den Umwegen in der Regel nicht mehr als vier Meilen betragen. Im Quartiere angelangt, soll der Generalstabsoffizier sich mit der Gegend bekannt machen, alle Verbindungen erkunden, in der Richtung, wohin der Weitermarsch erfolge, Brücken schlagen, die Wege ausbessern lassen und, um gegen alle Möglichkeiten gesichert zu sein, eine Stellung auswählen, in welcher sich die Division schnell versammeln könne. Es wird auch empfohlen, mit den Verpflegungsbehörden in Beratung zu treten, „wenn nicht der Divisionär dies selbst besorgt oder durch seinen Adjutanten besorgen läßt". Der Generalstabsoffizier soll jederzeit bereit sein, um nach den Befehlen des Divisionärs alles, was in taktischer Hinsicht bei der Division erforderlich ist, auszuführen. Kommt es endlich zur Schlacht, so soll er Stellung und Absichten des Feindes erforschen, den Zusammenhang mit den Divisionen rechts und links unterhalten, die Wege im Auge behalten, auf welchen man einerseits den geschlagenen Feind verfolgen, andererseits sich selber im unglücklichen Falle zurückziehen kann, „ohne von dem Letzteren sich das Geringste gegen andere merken zu lassen".

Zum Schlusse wird die Mahnung ausgesprochen, daß die Generalstabsoffiziere vor allem die Liebe und das Zutrauen ihres Divisionärs suchen und sich immer gegenwärtig halten sollen, „daß sie bloß die Vollstrecker seiner Befehle in einem gewissen Zweige des Dienstes sind". (Lehmann.)

XIII.
Zur Ausbildung
des Generalstabs vom Jahre 1808 ab (Lehmann).

Die Ausbildung der älteren Generalstabsoffiziere leitete Scharnhorst persönlich, hauptsächlich in Form einer angewandten Kriegsgeschichte. Er gab jedem Offizier als Thema eine Schlacht oder den Teil eines Feldzuges und forderte, daß sie den Schauplatz der Aktion persönlich in Augenschein nehmen, die Stellungen und Schlachtfelder krokierten, die Bewegungen der Heere in die besten vorhandenen Karten eintrügen, das Terrain militärisch beschrieben, die Geschichte der Operationen und Schlachten nach den vorzüglichsten Quellen kurz darstellten, auch eigene Betrachtungen sollten sie hinzufügen, aber, wie er nicht unterließ zu mahnen, „in bescheidener Weise".

Benutzte Quellen.

Scharnhorst. Handbuch für Offiziere in den anwendbaren Teilen der Kriegswissenschaften. Hannover 1787—1790.

Scharnhorst. Militärisches Taschenbuch zum Gebrauch im Felde. Hannover 1793.

Scharnhorst. Unterricht des Königs von Preußen an die Generale seiner Armee. Hannover 1794.

Scharnhorst. Die Verteidigung der Stadt Menin. Hannover 1803, 1856.

v. Scharnhorst. Handbuch der Artillerie. Hannover 1804, 1806, 1814.

v. Clausewitz. Nachrichten über Preußen in seiner großen Katastrophe 1825—1828. Kriegsgeschichtl. Einzelnschriften. Heft 10/1888.

L. Ranke. Historisch politische Zeitschrift I, 1832. Aus dem Nachlasse des Generals Clausewitz: Über das Leben und den Charakter von Scharnhorst.

Boyen. Beiträge zur Kenntnis des Generals von Scharnhorst. Berlin 1833.

v. Clausewitz. Biographie Scharnhorsts mit Nekrologen. Abschrift des Manuskripts durch Frau von Clausewitz, von deren Bruder Graf Fritz Brühl am 10. März 1836 dessen Schwager Scharnhorst geschenkt.

Klippel. Das Leben des Generals v. Scharnhorst. Leipzig 1869.

v. d. Goltz. Roßbach und Jena. Berlin 1883.

Kluckhohn. Der General v. Scharnhorst. (Gedruckter Vortrag.) Berlin 1884.

M. Lehmann. Scharnhorst. Leipzig 1886 (Hauptquelle).

v. Lettow-Vorbeck. Der Krieg von 1806 und 1807. Berlin 1892—1899.

Weise. Scharnhorst und die Durchführung der allgemeinen Wehrpflicht. (Gedruckter Vortrag.) Hamburg 1892.

Siegmar Graf Dohna. Lebensskizze des General v. Scharnhorst. Berlin 1903 (als Manuskript gedruckt).

Ergänzende Bemerkungen.

¹) Scharnhorsts Vater war ein hübscher Soldat. Nach einem im Besitz der Familie befindlichen Aquarell sah er in der kleidsamen Uniform der 8. Dragoner recht gut aus: weißer Koller, gelbe Rabatten, blaue Ärmelaufschläge, weiße Perücke mit Zopf, schwarzer Hut.

²) Im Jahre 1765 war das in Hämelsee gepachtete Vorwerk abgebrannt.

³) Graf Wilhelm schrieb: Mémoires sur la guerre défensive, 1775. Die von dem Grafen konstruierten besonderen Lafetten sind in Scharnhorsts Handbuch der Artillerie, II, S. 260, beschrieben.

⁴) Scharnhorst war auch in seinem materiellen Leben äußerst einfach, er erwähnte gelegentlich die bittere Not, die er als Kind durchgemacht hatte. Sein einziger Luxus war, daß er viel und gern Kaffee trank. Infolge der Kontinentalsperre war dies zeitweise kostspielig.

⁵) Anfang Juni 1808 wurde Scharnhorst auch die Stelle des vortragenden Generaladjutanten übertragen, auf Antrag Steins, welcher auf Wunsch des ersteren in die Reorganisationskommission aufgenommen wurde.

⁶) Die Entlassung auf Antrag wurde in den Zeitungen mit „geschwächter Gesundheit" motiviert.

⁷) Im April 1812 schrieb Arndt, welcher mit Scharnhorst in Schlesien zusammengetroffen war: „Einen solchen Mann mag ich leiden: treu, grad, wahr wie ein Bauersmann und lustig und fröhlich wie ein anderer." — Arndt war selbst ein Bauernsohn.

⁸) Scharnhorst schrieb seine Abhandlungen und Denkschriften alle selbst in seiner schönen und klaren Handschrift. In späteren Jahren, wenn er übermäßig viel am Schreib-

tische sitzen mußte, nahm er die Gewohnheit an, zeitweise
kniend zu arbeiten.

⁹) Die Stiftung der noch heute bestehenden Militärischen Gesellschaft erfolgte am 2. Juli 1801.

¹⁰) Die zum Druck zugelassenen Aufsätze wurden unter dem Titel „Denkwürdigkeiten der Militärischen Gesellschaft" in Einzelheften gedruckt, gelangten aber nicht an die Öffentlichkeit.

¹¹) Als besonders fleißige und tätige Mitglieder werden genannt: General von Rüchel, die Obersten von Phull, von Lecocq, von Massenbach, die Majore von Hake, von Kleist, von Lottum, von Enden, Graf Götzen, Rittmeister von Borstell, Hauptleute von Schöler I und II, von Funck, die Leutnants von Streit, von Schlotheim, von Valentini, von Rauch, von Rühle, von Malzahn, von Hofmann, von Reiche, von Grolman, von Müffling. (Klippel.)

¹²) Der Unterricht in der Akademie nach dem vom Könige genehmigten Plane begann am 1. September 1804, so daß dieser Tag als der Geburtstag der heutigen Kriegs-Akademie bezeichnet werden kann.

¹³) Davoust berichtete nach Wegnahme einer preußischen Post in Naumburg an Berthier: Une lettre compare la défaite de Saalfeld à celle des Autrichiens devant Ulm, pour le découragement, qu'elle a répandu dans l'armée. (Lehmann.)

¹⁴) Nach Lettow waren es zuerst unter Blücher nur 7, dann 10 Eskadrons mit der reitenden Batterie Meerkatz. Bei der Armee waren 8800 Mann Kavallerie gegen 1300 bei den Franzosen, die letzteren zeigten viel Tapferkeit und Initiative. Nach der Schlacht vermochte diese schwache Kavallerie noch 14 km weit zu verfolgen.

¹⁵) 21 Bataillone mit 44 Geschützen blieben bei Eckartsberga stehen. Scharnhorst sagt in einem Briefe: 22 Bataillone der besten Truppen. — Lettow berechnet die bei Eckartsberga untätig stehengebliebenen Truppen auf 13 Bataillone, 4 Batterien = 10000 Mann.

¹⁶) Scharnhorst schrieb Anfang November an seinen Bruder: „Das schlechte Betragen mehrerer Kavallerie-Regimenter, die Konfusion im Kommando, das Zurückhalten des Reservekorps entzog uns den Sieg."

[17]) Lettow berechnet die Stärke L'Estocqs auf 7600 Mann, ohne die bei Althof zurückgebliebenen 6 Kompagnien.

[18]) Nach Lettows Berechnung fochten bei Preußisch-Eylau 74000 Russen gegen 67000 Franzosen, ohne die 8300 Mann des Marschalls Ney, welche L'Estocq folgten und erst abends eintrafen.

[19]) Über L'Estocqs Stab urteilte ein Zeitgenosse: „Alle schienen die Positur zu nehmen, viel zu sprechen und nichts zu tun. Nur einer schwieg und leistete vieles, es war der edle Scharnhorst, der sich den ebenfalls schweigsam nachdenklichen Hauptmann von Ziehen zugesellt hatte." (Klippel.)

[20]) Die Kriegserklärung Preußens wurde am 27. März in Paris übergeben.

[21]) Etwas ähnliches war im Jahre 1705 in Preußen vorhanden, indem neben 47000 Mann Linientruppen im Kriege 20000 Wybrantzen (Freiwillige, wörtlich: Ausgewählte) verwendet werden sollten, die Einberufung der letzteren war im Frieden vorbereitet. (Boyen.)

In England wurde die Organisation der Miliz im Jahre 1752 im Parlament beantragt, 1757 eingeführt.

[22]) Auch äußerlich gefiel Scharnhorst nicht den Altpreußen. Clausewitz schrieb: „Man vermißte an ihm zu sehr den soldatischen habitus, an dem man in der preußischen Armee im Frieden mehr hängt als billig ist," und: „Man darf ja nur die Reihe der Feldherrn durchlaufen, insofern ihre Persönlichkeit uns bekannt ist, um sich bewußt zu werden, daß gerade die Mehrzahl — zufällig oder nicht — einer solch militärisch äußerlichen Persönlichkeit entbehrte" ... „Fremdling im Lande und im Heere, ohne Familien-Verbindungen, selbst ohne Bekannte und Freunde, ohne Talent und Übung in den Sitten der Höfe und der vornehmen Welt."

[23]) Scharnhorsts Freund, Professor Steffens, bezeichnete ihn als einen Gelehrten in Uniform, und setzt hinzu: „Obgleich er langsam und ruhig sprach, zog er dennoch unwiderstehlich an und gewann nach kurzer Zeit nicht allein das Interesse, sondern auch das unwandelbare Vertrauen der Zuhörer."

Ergänzende Bemerkungen. 99

²⁴) Für die Zeit der Reorganisationsarbeiten ist von besonderem Interesse **Scharnhorsts Brief an Clausewitz aus Memel am 27. November 1807**, welcher bei Ranke und Lehmann abgedruckt ist, aber mit dem in den Quellen erwähnten, mir vorgelegenen Manuskript der Frau von Clausewitz nicht völlig übereinstimmt, indem im letzteren ein paar Stellen gestrichen sind.

Scharnhorst schreibt in dem Briefe: „Ohne daß ich es vorher wußte, avancierte mich der König und übertrug mir die Reorganisation mit einer sehr heterogenen Kommission, **bei der nur Gneisenau und Grolman höherer Ansichten fähig sind** ... viele andere waren untröstbar, daß ein so dem Innern der Armee Unkundiger da gebraucht werden sollte, wo es auf langjährige Erfahrung ankam ... **Man wird mich bei so heterogenen Ansichten, so wenigen persönlichen Rücksichten vom Könige zu entfernen suchen**, obgleich dieser mir sehr gnädig ist und mich mit unverdientem Zutrauen behandelt. Eine ruhige, ehrenvolle Existenz steht noch diesen Augenblick mir anderwärts offen. — Aber Gefühle der Liebe und Dankbarkeit gegen den König, eine unbeschreibliche Anhänglichkeit an das Schicksal des Staats und der Nation und die Abneigung der ewigen Umformung von Verhältnissen hält mich jetzt davon ab und wird es tun, so lange ich glaube, hier nur entfernt nützlich sein zu können." (Dies letztere bezieht sich auf Unterhandlungen mit England, welche noch nicht abgebrochen waren. Der König erfuhr davon und wurde mißtrauisch, da Scharnhorst ihm versprochen habe, bei ihm auszuhalten.)

²⁵) Provinzialtruppen waren schon im 7jährigen Kriege nach der Schlacht bei Colin aufgestellt worden und zwar von den pommerschen Ständen auf eigene Kosten 10 Bataillone Landmiliz zu 500 Mann, von den brandenburgischen 10, von den magdeburgischen 4 Bataillone mit je einigen Husaren-Detachements (Boyen). Im Jahre 1795 war in den östlichen Provinzen die Organisation eines Landsturms von 50—60000 Mann in Aussicht genommen.

²⁶) Der ganz zufällig angenommene Ausdruck „Krümper", welcher in der provinziellen Sprache etwas Minderwertiges und Überflüssiges bezeichnete, wurde beibehalten,

um nicht die Aufmerksamkeit der Franzosen auf die wichtige Einrichtung zu lenken.

²⁷) Durch die Verfügung vom 6. August 1808 über die Besetzung der Offizierstellen war die prinzipielle **Zulassung von nichtadeligen Offizieren für alle Stellen** ausgesprochen, entsprechend den Anschauungen in den Armeen des Großen Kurfürsten und Friedrichs I. Unter dem Großen Kurfürsten dienten 3 Generale, welche Bauernsöhne waren: Derfflinger, Hennigs und Lüdcke.

²⁸) Am Todestage der Königin Luise, am 10. März, wurde als einzige Auszeichnung für den Krieg das **Eiserne Kreuz** gestiftet.

²⁹) An Vorarbeiten für die **Organisation der Landwehr**, welche in anderer Form schon früher geschaffen werden sollte, fehlte es nicht. Der endliche Entwurf war von Scharnhorsts Hand geschrieben, existiert aber nicht mehr im Originale.

³⁰) Nach Clausewitz' Urteil „erhebt sich das Taschenbuch durch seine praktische Tendenz und durch seine Gediegenheit zu dem Range eines klassischen Werkes". An anderer Stelle sagt Clausewitz: „Scharnhorst war ein **sehr präziser Schriftsteller**" ... „Was er schrieb, verbesserte er so lange und arbeitete so oft um, bis kein Wort zu viel oder zu wenig schien und seinem äußerst feinen Verstande alles genügte." ...

³¹) Am 27. November 1807 schrieb Scharnhorst über die vom Könige eigenhändig aufgesetzten 19 Punkte für die Beratungen der Reorganisationskommission: „Der König hat uns sehr viele dem Geist und den neuen Verhältnissen angemessene Ideen selbst gegeben." ... „Folgt der König dem neuen Entwurfe, den er zum Teil schon sanktioniert hat, erschwert das Vorurteil nicht die Ausführung ... so wird das neue Militär, so klein und unbedeutend es auch sein mag, in einem andern Geiste sich seiner Bestimmung nähern." (Ranke.)

www.ingramcontent.com/pod-product-compliance
Lightning Source LLC
Chambersburg PA
CBHW031222230426
43667CB00009BA/1441